AF467677

NOS UNIONS D'APRÈS-GUERRE

COMPTE RENDU

DE LA 17e CONFÉRENCE NATIONALE

DES U. C. J. G. DE FRANCE

Le Havre, 31 Octobre-2 Novembre 1920

Publication du Comité National des Unions Chrétiennes de Jeunes Gens de France

41, Rue de Provence, PARIS-IXe

Prix : 5 fr.

NOS UNIONS D'APRÈS-GUERRE

XVIIe CONFÉRENCE NATIONALE

de l'Alliance des Unions Chrétiennes de Jeunes Gens de France

LE HAVRE -- 1920

NOS UNIONS D'APRÈS-GUERRE

COMPTE RENDU

DE LA 17e CONFÉRENCE NATIONALE

DES U. C. J. G. DE FRANCE

Le Havre, 31 Octobre-2 Novembre 1920

Publication du Comité National des Unions Chrétiennes de Jeunes Gens de France

41, Rue de Provence, PARIS-IXe

Ire PARTIE

AUTOUR DU CONGRÈS

PROGRAMME DU CONGRÈS

DIMANCHE 31 OCTOBRE 1920

MATIN

9 heures : **Séance d'ouverture.**
a) Appel des Délégués.
b) Allocution du Président du Comité National.
c) Constitution du Bureau et des Commissions.

10 h. 1/2 : **Culte**, au Temple, 47, rue du Lycée, par M. le Pasteur F. Dürrleman, de Paris.

Midi 1/4 : Déjeuner chez les hôtes.

APRÈS-MIDI

14 heures : **Séance privée :**
a) Allocution du Président de la Conférence.
b) Réception solennelle du Groupe d'Alsace et de Lorraine.
c) Lecture du rapport du Comité National (rapport général, rapport financier).
d) Renvoi des propositions de modifications aux règlements de l'Alliance à la Commission du règlement.

16 h. 30 : Thé.

17 heures : **Assemblée générale de la Caisse de Dotation Unioniste.**

17 h. 30 : **Conseil National des Chefs Eclaireurs Unionistes.**

18 heures : **Réunion des Commissions** pour la constitution de leur Bureau et l'organisation de leur travail.

19 h. 30 : Dîner chez les hôtes.

20 h. 45 : **Conférence publique** à la Salle des Fêtes, 11, rue Lord-Kitchener.

Que sera la France de demain ? par L. Peyric, Pasteur, Secrétaire Général de l'Union de Paris.

LUNDI 1er NOVEMBRE 1920

MATIN

8 h. 45 : **Réunion de Prières**, présidée par M. le Pasteur J. Lafon, du Havre.

9 h. 30 : **Séance privée.**

Notre Orientation.

Le Programme d'Action des Union d'après-Guerre, par H. d'Allens, Secrétaire général du Comité National.

Ce qu'en pense un Vétéran, par A.-E. Meyer, Président du Groupe de l'Ouest.

Ce qu'en pense un ancien Combattant, par J.-R. Terrier, Membre du Comité du Groupe de la Seine.

Ce qu'en pense un Chef-Eclaireur Unioniste, par P. Breittmayer, Chef de Troupe des E. U. à Bordeaux.

Discussion.

Midi 1/4 : **Déjeuner en commun**, par souscription, à *Terrasse-Plage.* — Messages des Délégués étrangers. — Photographie.

APRÈS-MIDI

14 h. 30 : **Visite du Transatlantique " Lafayette ".** Pendant ce temps, **Réunion des Commissions.**

16 h. 30 : **Thé.**

17 heures : **Séance publique.**

De la Parole à l'Action, Conférence par Albert Léo, Pasteur, Membre du Comité de la Fédération des Etudiants Chrétiens.

Ce qui a été fait dans le Groupe de la Seine, communication par J. LAROCHE, Pasteur, Agent général de la Société des Ecoles du Dimanche, Membre du Comité National des U. C. J. G.

Ce qu'on peut faire en province, communication par G. SABLIET, Membre du Comité du Groupe du Gard et Midi.

Discussion.

19 h. 30 : Dîner chez les hôtes.

SOIR

21 heures : Réception des Délégués chez M. et Mme R. LAFAURIE, 32, rue Félix-Faure.

Audition d'Art social par des Artistes des Foyers, sous la présidence de M. P. VERGARA.

« Au Service de l'Humanité ».

MARDI 2 NOVEMBRE 1920

MATIN

8 h. 30 : **Culte commémoratif** en souvenir des Unionistes tombés au Champ d'Honneur, par M. le Pasteur G. LAUGA. — Service de Sainte-Cène.

9 h. 30 : **Séance privée.**

L'Organisation du Mouvement des Eclaireurs Unionistes, par J. BEIGBEDER, Commissaire National des E. U.

Communications par E. JUTEAU, Membre du Comité du Groupe du Nord-Est, et CH. SCHNEIDER, Secrétaire général du Groupe du Gard et Midi et de l'Union de Nimes.

Discussion.

Midi 1/4 : Déjeuner chez les hôtes.

APRÈS-MIDI

13 h. 30 : **Réunion des Commissions.**

14 h. 30 : **Séance privée.**

Rapport des Commissions.

(Discussion des vœux, propositions des modifications aux règlements et propositions diverses).

Désignation de la Commission exécutive du Comité National.

16 h. 30 : Thé.

MERCREDI 3 NOVEMBRE 1920

Excursion à Tocqueville-en-Caux (Seine-Inférieure).

Visite de la Ferme d'Apprentissage des Eclaireurs Unionistes.

Réunion des Secrétaires généraux.

LISTE GÉNÉRALE DES DÉLÉGUÉS AU CONGRÈS

Délégués officiels et officieux (1)

COMITÉ NATIONAL

MM. Paul de Pourtalès, Raoul Allier, Pierre Monod, *Jean Laroche, Freddy Dürrleman, Henri d'Allens, Jean Beigbeder.*

(1) Les noms des délégués officieux sont imprimés en italique.

COMITÉS RÉGIONAUX

Gard et Midi......... Gédéon Sabliet.
Normandie........... Georges Lauga.
Nord.................. Georges Diény.
Nord-Est .... Ernest Juteau.
Ouest................ Ernest Meyer.
Rhône et Loire ...... Maurice Bertrand.
Seine .... Roger Merlin, *Eugène Kiès.*
Sud-Est.............. Charles Guillon.

DÉLÉGATION DES U. C. D'ALSACE ET DE LORRAINE

MM. E. Teutsch, E. Murbach, *Ch. Jost, Herzog, Hoffmann, Et. Jost, Morel.*

DÉLÉGUÉS DES UNIONS

Groupe du Gard et Midi

Marseille............. Eugène Boulitrop.
Mazamet............. Louis Albert, Daniel Raynaud.
Montpellier.......... Frank Salles.
Nimes.............. .. Marcel Perrier, Louis Poujol, *Charles Schneider.*
Saint-Jean-du-Gard.. Albin Mercoiret, *Elie Maurin.*
Tornac............... Osée Jaussaud.

Groupe de Normandie

Bolbec............... William Bourquin.
Caen................. L. Dhouailly, *M. Arnal, Philippe Arnal, Raymond Arnal, Jacques Tirard.*
Le Havre .... Robert Lafaurie, Pierre Dupuis, Nicolas Raoul-Duval, *Paul Lafon, Lesage, Burkel, Demercastel, Dessen, P. Massot-Labrosse, W. Rohr, Henri Ziegler.*
Rouen-Fraternité.... Jacques Lafon, *Du Pasquier.*
Rouen-Rive-Droite... Lucien Aubé, Pierre Guion, *Raymond Deschamps, André Guyard, Henri Lauga, Albert Miette.*

Groupe du Nord

Amiens .... Henri Thickett.
Boulogne-sur-Mer.... Pr A. Moscherosch.
Bruay................. Jean François, Louis Liétard.

Caudry............... Bracq, Jules Jacquemin.
Croix .... Célestin Mascart.
Denain............... Maurice Farelly, Léon Hardhuin.
Fives-Lille .... Adolphe Delestret, Lucien Deproy, M. Ghisels, *Cyrano Schmitt.*
Lemé................. Elisée Pantet.
Liévin .... Jorgensen.
Lille................. Audonneau, Philippe Trivier.
Maubeuge............ François Degardin, Armand Matha, *Maurice Legrand.*
Qiévy............... Hippolyte Bricout, Georges Lorriaux, *Hippolyte Davoine.*
Roubaix .... Louis Boulanger, Pierre Van Heems.
Saint-Quentin........ André Bonnedame.
Sin-Le-Noble .... Pierre Maes.
Walincourt .... Benjamin Cattelain.

Groupe du Nord-Est

Epinal............... Gaston Cuenin, Paul Madre.
Nancy............... Robert Foulquier.
Thaon-les-Vosges.... Georges Arnould, Pierre Foltzer, Didier Laruelle, Pierre Laruelle, Ernest Hazemann.

Groupe de l'Ouest

Exoudun............. Robert Ledoux.
Moncoutant.......... André Rolland.
La Rochelle.......... Jean Jousselin, Henri Meyer.
Rochefort............ Ernest Morch.
Rouillac .... Samuel Faure.
Saintes............... Guy Ménard, Widmer, *F.-E. Marchand, Bernard.*
Tours................ Charles Lardet, Marcel Lafore, *R. Decorges.*

Groupe du Pays de Montbéliard

Belfort............... Joseph Bohème, Eugène Huck, *Albert Dinther.*
Pontarlier .... Camille Bourquin, *Emile Fallon.*
Valentigney .... René Louys, Louis Vuillequez, Philippe Vurpillot.

Groupe du Rhône et Loire

Le Creusot........... Eugène Ferdinand, Roger Renaud.
Lyon................. Armand Bancilhon, Paul Dianoux, Jean Noirclerc, Barthélemy Perrier.

Groupe de la Seine

Argenteuil	Roger Anstett, Charles Willm.
Asnières	Jacques Froment, Christian Morier.
Boulogne-sur-Seine ..	Julien Letellier.
Clamart..............	Laly.
Clichy	Robert Maroger, *Marcel Fauconnier.*
Enghien-Montmorency ...	Maurice Valteau, Henri Vandeventer, *René Lebrel.*
Grand-Montrouge....	Louis Moret.
Ivry	Charles Weber.
Le Perreux	Louis Eherler.
Le Raincy	Jacques Bas, Paul Boutonnet.
Levallois............	Georges Salomon, *Pierre Schérer.*
Nemours.............	Gaston Darley.
Neuilly-sur-Seine	Georges Haas, *Baltzer, Laurens, Manger, Louis Robert.*
Orléans..............	Fricheteau, Maneval.
Paris-Av. du Maine ..	Huart, *Ami Béguin.*
— Auteuil	Etienne Gaudron, *Jacques Bongrand, Manera,* Marcel Schmid.
— Batignolles.....	Marc Poitevin.
— Belleville.......	Henri Damagnez, Raymond Faïsse.
— Bercy...	André Baltzer, *Frédéric Boudet.*
— Billettes........	Charles Bonnamaux.
— Central	Jacques Adrion, Henri Ahier, Daniel Cornud, Henri Faivre, Albert Letellier, Adrien Molk, Edouard Randegger, René Terrier, Francis Boutitie, *Jacques Guérin-Desjardins, Louis Marsauche, Marcel Muller, Léon Peyric, Blaisin.*
— Fg St-Antoine..	Robert Guri, Léopold Lortie, Harald Persson, *Raoul Blanchard, André Dahl, Picot, André Rusterholz, Pierre Siegrist, Jean Spiess, Eugène Théobald, David Viéville.*
— Grenelle	Le Berre, René Lowy.
— Grenelle-Vaugirard...	Charles Boury.
— Ledru-Rollin ..	Ad. Muller.
— Montmartre....	Fernand Constant, Jean Ludwig, Michel.
— Passy..........	Charles Bungener, Paul Patin.
— Pierre Levée-St-Maur.	Paul Koenig.
— Plaisance	Raymond Bugler, Eugène Vassaux.
Reims...............	Paul Grandjean.

Saint-Denis.......... George Calladine, André Maffre.
St-Germain-en-Laye. Charles Meunier.
Troyes.............. Pierre Serfass, Van der Heyden, *Roethlisberger.*
Versailles............ Paul Cormary.
Vincennes............ Maurice Delaporte, Georges Pellerin.

Groupe du Sud-Est

Saint-Agrève......... Chapus, Paul Robert.
Valence.............. Marcel Chambon.

Groupe du Sud-Ouest

Bordeaux............ Paul Escande, Charles Klipsch, Alfred Kressmann, *Paul Breittmayer, Dupouy, Pierre Klingebiel.*
Ste-Foy-la-Grande... Marc Chambon, Albert Dupuy, André Faure.

AUTRES DÉLÉGATIONS

Comité Universel des U. C. J. G........ Th. Geisendorf.
Alliance Nationale des U. C. J. F....... Mlle Y. Delbruck.
Fédération Française des A. C. E....... Pierre Maury, Mlle L. Viguier.
Alliance des U.C.J.G. de Belgique........ Henri Sauveur, Jean Mahy, Paul de Looper.
— des Etats-Unis..... Chesley, Robinson, Scott.
— de Grande-Bretagne. Heald.
— de Hollande........ W. Quarles Van Ufford.
— d'Italie............ Giovanni Davio.

HOTES DU CONGRÈS

Albert Boekholt, Paul Conord, Albert Léo, Alfred Marchand, P. Vergara, Marc Vernet, Robert Ziegler.

BUREAU DE LA CONFÉRENCE

Président : M. Robert Lafaurie.
Vice-Présidents : MM. Terrier et Bricout.
Chef du Secrétariat : M. Marcel Perrier.
Secrétaires : MM. Vuillequez, Dianoux, H. Meyer et Klingebiel.

COMMISSION DU RÈGLEMENT

(*Rapporteur :* M. P. Dupuis)

MM.	Boulitrop et Verdeil,	pour le groupe du	Gard et Midi.
	Audonneau et Matha,	—	Nord.
	P. Madre,	—	Nord-Est.
	P. Dupuis,	—	Normandie.
	Lafore et Rolland,	—	Ouest.
	Bourquin,	—	Pays de Montbéliard.
	Bancilhon,	—	Rhône et Loire.
	Patin et Weber,	—	Seine.
	Chapus,	—	Sud-Est.
	Kressmann,	—	Sud-Ouest.

COMMISSION DE GESTION

(*Rapporteur :* M. E. Pantet)

MM.	Mercoiret et Raynaud,	p. le groupe du	Gard et Midi.
	Mascard et Pantet,	—	Nord.
	Didier Laruelle,	—	Nord-Est.
	Aubé,	—	Normandie.
	E. Meyer et Widmer,	—	Ouest.
	Louys,	—	Pays de Montbéliard.
	B. Perrier,	—	Rhône et Loire.
	Adrion et Vandeventer,	—	Seine.
	Guillon,	—	Sud-Est.
	Klipsch,	—	Sud-Ouest.

COMMISSION DES VŒUX

(*Rapporteur:* M. L. Lortie)

MM.	Sabliet et Salles,	pour le groupe du	Gard et Midi.
	Maës et Moscherosch,	—	Nord.
	Juteau,	—	Nord-Est.
	N. Raoul-Duval,	—	Normandie.
	Jousselin et H. Meyer,	—	Ouest.
	Bohême,	—	Pays de Montbéliard.
	Eug. Ferdinand,	—	Rhône et Loire.
	Lortie et Randegger,	—	Seine.
	Chambon	—	Sud-Est.
	Breittmayer,	—	Sud-Ouest.

ÉCHOS DU CONGRÈS

La première prise de contact eut lieu à l'Union de Paris où se rencontrèrent un grand nombre de délégués de province. Un déjeuner avait été organisé pour eux au restaurant de l'Union. Une joyeuse allocution du secrétaire général mit tout le monde à l'aise, et, sous la direction d'Eugène Kiès, une promenade dans Paris permit la visite de l'Oratoire, de la statue de Coligny, et d'autres points importants de la capitale. Puis tous partirent pour Le Havre.

Le lendemain, le Congrès commença.

Le président, M. Lafaurie, fut éloquent et disert, mieux, il fut véritablement académique. Indépendamment de l'impression émouvante que produisit son discours, ce fut un précieux régal littéraire que de l'entendre parler en une langue si délicate et si parfaitement française.

Les deux vice-présidents, qui surent le seconder à merveille, représentaient l'un les blessés de la guerre, en la personne de R. Terrier, l'autre les régions dévastées en la personne de H. Bricout, président du Groupe du Nord.

Au temple, M. le Pr Dürrleman parla des jeunes gens et de leurs visions. Nos morts de la guerre ont, dès à présent, la grande vision de l'éternité, mais les vivants, leurs continuateurs, réalisant les rêves que les disparus n'avaient pu qu'ébaucher, leur en donneront d'autres encore. L'église du Havre, symbolisant toutes les églises de France, semblait une mère bienveillante qui contemple et encourage ses fils.

Le dimanche après-midi, l'Alliance nationale recevait solennellement le Groupe des Unions d'Alsace et de Lorraine et leur offrait, en souvenir de cette date historique, un Coq de France en bronze, hardiment dressé, ailes au vent, dans une attitude héroïque. Des discours furent échangés. Poétiquement, un

M. ROBERT LAFAURIE

Président du Groupe de Normandie
et de l'Union du Havre

PRÉSIDENT DE LA XVIIe CONFÉRENCE NATIONALE
DES U. C. J. G. DE FRANCE

XVIIe CONFÉRENCE NATIONALE

LES DÉLÉGUÉS DES U. O. J. G. AU HAVRE

Le local de l'Union du Havre, siège du Congrès

de nos amis alsaciens compara la province retrouvée à « une fiancée parée pour nous recevoir et qui nous attendait... »

Dans son rapport, notre secrétaire général, M. Henri d'Allens, évoque la tragique situation des Unions au lendemain de la guerre et fait revivre les efforts patients et persévérants, grâce auxquels le mouvement unioniste a pu, en deux ans, retrouver une vitalité dont les 250 congressistes du Havre sont une preuve tangible.

Le Conseil national des Chefs Eclaireurs fut court, mais substantiel, sous la présidence de M. Jean Laroche.

Dans une Conférence publique, M. le Pr Peyric décrivit avec éloquence ce que sera la France de demain. D'habitude, les généraux passent des revues ; ce soir-là, c'est eux qui furent passés en revue !

Le lundi matin, culte et réunion de prières. M. le Pr J. Lafon, qui présidait, rappela que l'action doit suivre la contemplation, mais que le recueillement doit précéder l'activité. Cette réunion de prières fut la seule officielle, mais ce qu'il convient de noter, c'est l'atmosphère de prière qui pénétra tout le Congrès. Entre les séances, à l'écart, dans de petites salles attenantes; la nuit, dans la chambre d'un ami; partout et à chaque instant, des groupes s'unissaient pour supplier Dieu de tout inspirer et de tout diriger. Sans aucun doute, c'est ce travail mystique et silencieux qui donna aux séances cette allure fraternelle si poignante. On croyait n'avoir discuté que des affaires et négligé le travail d'âme ; un tout jeune, dont c'était le premier Congrès, me disait au retour : « Au Havre, j'ai fait des expériences religieuses définitives. »

⁂

Très applaudi, acclamé même, M. le Doyen Allier donne lecture de sa fière réponse aux Finlandais qui nous avaient envoyé une protestation indignée contre nos troupes colorées qui font l'occupation en Allemagne. M. Allier félicite les Finlandais de se placer au point de vue moral pour juger la guerre, et les invite à ne pas s'en tenir à un fait particulier, mais à étendre leur méthode à tous les faits de la guerre, sans oublier le déchaînement même de l'effroyable cataclysme et la violation de la neutralité belge. En ce qui concerne les troupes noires, il fait appel à des témoignages venant d'Allemagne et remet exactement les choses au point.

⁂

Orientation des Unions. Après le discours de M. d'Allens, les trois âges sont représentés. L'âge de pierre, par M. E. Meyer, qui se baptise, malgré les protestations de l'assemblée, « fossile représentant les temps disparus » ; l'âge de fer, par M. R. Terrier qui, comme ancien combattant, ne pouvait guère représenter un autre âge ; l'âge d'or, par M. P. Breittmayer qui signale les réformes à faire. On commente passionnément les affirmations du plus jeune des trois.

« Il y a vingt ans », murmure un ancien, « je disais exactement la même chose ». Malgré tout, les messieurs de plus de quarante-cinq ans sont un peu malmenés. Et ceci inspirera à M. R. Lafaurie un mot exquis, dont il est, du reste, la preuve vivante : « Le cœur n'a pas toujours l'âge des cheveux. »... La discussion bat son plein.

Au banquet, M. Georges Lafaurie qui préside prononce un discours très applaudi et les délégués étrangers apportent les salutations de leur pays, M. Geisendorf celles du Comité Universel, Mlle Delbrück celles des U. C. J. F., M. P. Maury celles de la Fédération des Etudiants Chrétiens.

De bruyantes acclamations, des bans nourris, des hurrahs sonores saluent tous ces discours.

La visite du transatlantique, le Lafayette, *manque d'être supprimée tant il y a de travail. Mais comme les autorités maritimes nous attendent, on juge préférable de ne pas leur monter un... bateau, et on décide de ne rien changer au programme. Lorsque les congressistes arrivent en vue du bâtiment, plus d'un songe à la phrase historique : « Lafayette, nous voilà ».*

⁂

Un groupe d'anciens combattants alla au cimetière du Havre, et, au nom de toutes les Unions de France, déposa sur le catafalque élevé en souvenir des morts au Champ d'Honneur, une palme en bronze portant ces mots : Les unionistes français à leurs camarades morts pour la France. (XVIIe Congrès national).

⁂

Et puis, chaque jour, on prenait le thé. Le buffet était luxueux ; les pâtisseries exquises ; les dames empressées et les jeunes filles charmantes. Les croissants *du Havre m'ont paru uniques par la légèreté et la finesse de leur mousseline. Disons merci, et de tout cœur.*

L'Union du Havre possède un Comité de Dames tel que j'en souhaite à toutes nos Unions. Vous pouvez en demander la recette (pas des croissants, du Comité) à la présidente, Mme Courant.

⁂

La soirée que nous offrirent M. et Mme Robert Lafaurie nous laisse une profonde émotion d'art, en même temps que le souvenir de l'accueil le plus touchant qui soit. Grâce et cordialité, charme et talent. Programme d'une grande originalité, groupé autour de l'idée centrale des « grands serviteurs de l'humanité *» dans les domaines du travail, de la science, de l'art, de la religion. Le Chœur* du Beethoven, *de René Fauchois, chanté délicieusement par un groupe de dames et de jeunes filles, fut bissé avec enthousiasme.* L'Apôtre, *de Léon James, détaillé superbement par une vibrante artiste, parut plus grandiose encore qu'à la lecture ! c'est un chef-d'œuvre d'anthologie. Re-*

mercions avec effusion nos hôtes, M. le Pr Vergara qui était l'ordonnateur du spectacle et la Société des Foyers qui nous avait prêté ses artistes.

Le lendemain matin, nous commémorions nos morts. Culte et service de Sainte-Cène. Comment résumerait-on le discours de M. le Pr Georges Lauga (1)? *Comment emprisonnerait-on dans des formes écrites l'impondérable et l'inexpressible ? Ce ne fut pas un discours ; ce fut une ambiance. Pas des paroles seulement ; une entrevue réelle, véritable, presque tangible, si l'on peut dire, avec nos disparus. Heure inoubliable, heure des larmes saintes, heure des larmes fécondes, où l'âme, prête à toutes les audaces qu'inspire l'Invisible, se trouve et se possède pour mieux se donner. Ce fut une communion totale avec tout l'idéal et avec tous nos frères, avec le Christ, avec les Morts, avec nos Compagnons d'armes, avec l'Humanité en travail qui cherche Dieu et que Dieu cherche... Béni soit le Père pour ces minutes-là, car elles sont révélatrices et inspiratrices. Elles forment et elles envoient. Par elles, on devient, et par elles on réalise.*

Alors, ce fut l'action... La grande question du Congrès était arrivée à son heure et c'est sous l'influence de l'Esprit que cette heure allait décider de la question. Ce fut beau de voir tant d'hommes, quel que soit leur âge, *unis dans l'unanime désir d'intensifier la conquête. Les opinions contradictoires ne disparurent pas, mais la Vision s'imposait, tellement brillante, que tout s'estompait à ses rayons sublimes. On ne savait pas encore ce qui serait décidé, mais on sentait que l'amour fraternel était profond, sincère, bienfaisant... Le Commissaire national des Eclaireurs fut précis ; le rapporteur établit une synthèse logique des désirs exprimés ; les congressistes firent le reste: dans la diversité de leurs convictions, ils surent*

(1) Ce discours a été édité sous le titre : *Evocation sacrée* et est en vente au C. N., 41, rue de Provence, au prix de 0 fr. 80 (franco : 0 fr. 85).

maintenir l'union de leur foi et de leurs espérances. Elargir, pour évangéliser plus *ou maintenir, pour évangéliser* mieux — *ces deux méthodes n'étaient plus des contraires qui s'opposent et s'excluent, mais des identités qui se recherchent pour s'appuyer. C'est de leur indissoluble union que la victoire viendra.*

⁂

Le Congrès du Havre fut beau, dominé, comme il l'était, par le souvenir et l'exemple de tous ceux que nous aimions et qui ne sont plus. Il sera fécond. On y a senti palpiter le cœur même des Unions chrétiennes de France. On y a entrevu l'union de toutes les œuvres de jeunesse chrétiennes, *se serrant et s'entr'aidant autour d'un même étendard. Il reste encore bien des choses à préciser et à mettre au point, des études à entreprendre, des systèmes à comparer, des directives à rechercher, peut-être des méthodes surannées à abandonner et d'autres plus appropriées à adopter, mais, dès maintenant, nous avons mieux que la perfection absolue des moyens, nous avons senti distinctement que l'œuvre unioniste possède « l'Esprit qui vivifie ». Après la longue interruption des années tragiques, c'était bien là la démonstration qu'il fallait faire et c'est là la preuve la plus formelle que nous avons raison d'avoir foi dans l'avenir et confiance dans nos destinées.*

J. Guérin-Desjardins.

ALLOCUTION D'OUVERTURE

Par M. P. DE POURTALÈS

Président du Comité National

« Il est de tradition que la séance d'ouverture de la Conférence Nationale soit présidée par le Président du Comité National. C'est une séance d'affaires pendant laquelle il y a lieu d'examiner les pouvoirs et de procéder à la nomination du bureau définitif. Vous me permettrez cependant de faire d'abord un retour en arrière et sans empiéter sur les prérogatives du Secrétaire général et déflorer son rapport, de vous dire quelques mots sur ce qui s'est passé au Comité National pendant ce long cataclysme qui a rendu impossible toute réunion de la Conférence Nationale.

Tous les membres du Comité National ont eu des missions précises et absorbantes, le plus souvent loin de Paris, leur ôtant tout moyen de s'occuper du Comité National. Mais celui-ci a vécu et est resté agissant, grâce à M. Raoul Allier qui, malgré ses angoisses et ses tristesses, a maintenu l'existence du Comité National. Nous lui en devons une reconnaissance émue. »

Après avoir fait mention de la collaboration dévouée de Mlle Viguier, M. P. de Pourtalès poursuit :

« Après l'armistice, notre Président M. Ed. de Billy, revint en France et reprit aussitôt sa place à la tête du Comité National, quand en juillet 1919 un accident stupide l'enleva aux Unions Chrétiennes, au Protestantisme et à la France. Esprit supérieur, appelé aux plus hautes destinées dans le pays ; mais je ne veux toutefois penser qu'aux Unions Chrétiennes et à la perte qu'a été pour elles la mort de cet homme éminent qui était un véritable Unioniste, capable de donner aux Unions cette impulsion, cette vie que le Comité National doit avoir dans son programme.

Notre Secrétariat général a lui aussi durement payé sa dette en perdant Williamson et Grauss, nous leur donnons une pensée émue. Heureusement pour le Comité National qu'un nouvel élément de force est apparu : c'était d'Allens, qui, se consacrant entièrement au Secrétariat général ramena avec sa précision et sa grande faculté de travail, la vie et l'épanouissement dans tous les rouages des Unions Chrétiennes de France.

Une des principales préoccupations du Comité National était de réunir le plus tôt possible une Conférence Nationale. Il ne fallait pas perdre de temps, mais nous devions cependant attendre que la réorganisation des Unions Chrétiennes fût assez avancée pour qu'il soit pratiquement possible de réunir des Unionistes. »

Après avoir relaté l'impossibilité qu'il avait eu de réunir la Conférence nationale à Strasbourg, M. Paul de Pourtalès poursuit en ces termes :

« C'est alors que nous nous adressâmes au Havre, où l'on veut bien nous recevoir aujourd'hui. L'Union du Havre et son Président ne m'en voudront pas si j'ai pensé à Strasbourg avant de penser au Havre, ils trouveront tout naturel que nous ayons voulu fêter nous aussi le retour à la France des Provinces libérées par 5 années d'une lutte comme on n'en avait jamais vu dans l'histoire. Le Havre a accepté de nous recevoir, j'adresse à son Union, à son Président, et à tous ceux qui l'ont secondé, l'expression de notre profonde gratitude. C'est une grosse entreprise que la préparation d'une Conférence Nationale, et qui demande un effort considérable. Les amis des Unions et les Unionistes du Havre, ainsi que les dames, l'ont fait sans hésiter. »

Passant rapidement sur les difficultés d'ordre matériel qu'il a fallu résoudre, M. Paul de Pourtalès remercie chaleureusement l'Union du Havre de son gracieux accueil et termine en formulant ce vœu :

« Nous sommes réunis pour une œuvre de concorde, de fraternité, et d'union. Que ce soit dans un esprit de paix et de concorde que nos travaux se poursuivent. C'est là mon souhait le plus ardent. »

DISCOURS D'OUVERTURE

PRONONCÉ PAR

M. Robert LAFAURIE

Président du Congrès

MESSIEURS,

« Je ne me fais aucune illusion. J'apprécie certes, à sa juste valeur, le grand honneur que vous venez de me faire en me nommant Président de cet important congrès, mais vraiment mes titres et mes mérites sont trop peu de chose pour que je ne cherche pas ailleurs les raisons qui ont pu guider votre choix. Fidèles à une tradition évidemment charmante, mais aujourd'hui peut-être regrettable, vous avez voulu concentrer sur mon nom l'hommage de votre reconnaissance au groupe de Normandie, à l'Union et à l'Eglise du Havre, qui vous offrent aujourd'hui l'hospitalité. C'est donc, Messieurs, au nom de nos Unions de Normandie, de notre Union et de notre Eglise, comme en mon nom personnel que je vous adresse nos sincères remerciements.

Mais, Messieurs, point n'était besoin de tant d'honneur ; celui de vous recevoir comportait en lui-même la récompense de la peine que nous avons pu prendre ; nous sommes largement payés de nos efforts, puisque vous êtes ici. Je ne me déroberai pas cependant au poste d'honneur que vous m'avez confié ; je vous demande seulement toute votre indulgence. Aussi bien ma tâche sera-t-elle grandement facilitée, secondé comme je le serai par les vice-présidents qui siègent à mes côtés.

Permettez-moi d'abord d'adresser aux membres du bureau, que vous venez de nommer, mon plus cordial salut. Messieurs les vice-Présidents, en vous nommant, qu'elle le veuille ou non, et je crois bien qu'elle l'a voulu, notre Assemblée a fait plus et mieux qu'un choix des plus heureux. Il y a, en chacune de vos personnalités, comme un symbole, symbole réunissant tout à la fois les angoisses du passé, les heureuses réalités du présent et l'inébranlable confiance dans l'avenir.

En vous, Monsieur Terrier, nous retrouvons avec émotion le digne et glorieux représentant de nos admirables soldats des années 1914-1918, de nos chers soldats de France dont l'héroïsme, inégalé dans le passé, nous a valu la victoire la plus éclatante de l'histoire.

En vous, Monsieur Bricout, nous revivons ces longues années d'angoisse pendant lesquelles nos chers compatriotes du Nord ont supporté l'occupation ennemie la plus cruelle avec une énergie et un courage qui ont apporté de nouveaux fleurons à la couronne de gloire de la France. Ce sont là des souvenirs émouvants, qui resteront à jamais gravés dans nos cœurs. Mais, Messieurs, nos soldats sont revenus triomphants, notre pays du Nord renaît à la vie, nos chères provinces d'Alsace et de Lorraine sont de nouveau des nôtres, telles sont les heureuses réalités d'aujourd'hui, auxquelles vos présences au milieu de nous, Messieurs les vice-présidents, apportent la preuve vivante, en même temps qu'elles sont un gage de grandes espérances pour l'avenir. Je tiens à saluer aussi nos jeunes secrétaires. Je connais par expérience, Messieurs les secrétaires, combien parfois dur et ingrat est le rôle qui vous est dévolu. Vous serez à la peine pendant trois jours. Les secrétaires sont rarement à la gloire. Laissez-moi vous assurer que ce n'est là qu'une apparence. Sans vous les paroles de nos orateurs tomberaient dans l'oubli et nos décisions dans le néant ; et ces orateurs qui savent combien *verba volent* sont rassurés, par votre présence ; grâce à vous *scripta manent.*

Et puis ne vous plaignez pas trop, c'est votre jeunesse qui vous vaut cette corvée. Dans le fond je vous envie.

Messieurs, nous avons ici les éminents représentants des Unions étrangères. Je désire leur adresser de suite, au nom de notre Congrès, l'expression de la joie que nous ressentons à les recevoir au milieu de nous. Ils me permettront de les nommer individuellement afin de vous permettre de les connaître et de les acclamer. »

M. le Président du Congrès du Havre nomme les représentants des diverses Unions étrangères en assurant chacune d'elles de la profonde confraternité chrétienne des Unions françaises :

Pour le Comité Universel à Genève : M. Th. Geisendorf, Secrétaire général du C. U.

Pour la Belgique : M. Henri Sauveur, Vice-président du C. N. belge ; M. Jean Mahy, Secrétaire général du C. N. belge ; M. Paul De Looper, Inspecteur national des Eclaireurs unionistes.

Pour les Etats-Unis : M. Robinson, Secrétaire général du Comité International des Etats-Unis.

Pour la Grande-Bretagne : M. Charles E. Heald, Secrétaire général du Comité National.

Pour la Hollande : M. W. Quarles Van Ufford, Vice-président du Comité National.

Pour l'Italie : M. Giovanni Davio, Ingénieur.

Et M. Lafaurie poursuit en ces mots :

« Messieurs les délégués des Unions étrangères — non décidément je n'aime pas ce terme étrangères, il invoque quelque chose de distant, il y a des frontières dans ce mot-là, alors qu'il n'y en a pas entre nos Unions pas plus qu'il n'y en a entre nos cœurs — permettez-moi de dire, Messieurs les délégués des Unions amies, votre présence nous est infiniment précieuse. Elle nous apporte la preuve irréfutable que nous formons vraiment une « Alliance Universelle », alliance qui a pour base le même idéal que tous nous avons à cœur de faire connaître au genre humain. Pour ce grand but, Messieurs, nous aimons à pouvoir compter sur vous et nous sommes heureux de vous assurer que vous pouvez compter sur nous. »

Faisant un rapide retour sur un passé bien douloureux et bien proche encore, M. le Président évoque nos Unions cruellement éprouvées en la personne de leur Comité National d'abord, et il nomme ces figures connues et tant aimées : M. Jacques de Pourtalès, président de l'Union de Paris, MM. J. Williamson et Ch. Grauss, respectivement promoteur du Mouvement des Eclaireurs unionistes et Secrétaire général du C. N. ; M. de Billy, enfin, président du C. N., dont la précieuse collaboration nous a été enlevée par un tragique accident. Eprouvées aussi nos Unions en la personne de leurs membres puisqu'une phalange de 800 unionistes, les meilleurs par la force physique et le courage, sont tombés au champ d'honneur !

Et en notre nom à tous, M. le Président adresse à la « mémoire de ces chers camarades, qu'ils fussent à la tête de notre C. N. ou de modestes membres, l'assurance de notre inaltérable souvenir, de notre profonde admiration et de notre impérissable reconnaissance ».

M. le Président poursuit :

« Et pendant que s'accomplissait au front cette effrayante hécatombe, nous avons assisté à l'intérieur à la désorganisation à peu près complète de presque toutes nos Unions ! Elles avaient perdu un grand nombre de leurs membres et parmi les meilleurs. Dans beaucoup d'Unions, il ne restait plus rien, tant et si bien que quelques-uns s'écriaient déjà avec angoisse : Nos Unions sont finies ; la guerre les a tuées : Nos Unions sont mortes !

Quelle erreur Messieurs !

Oui, la guerre a tué, hélas, beaucoup de membres de nos Unions, mais nos Unions, jamais ! Nos chers camarades sont morts d'une telle mort qu'elle porte en elle une puissance de vie ; et leur mort a atteint de telles hauteurs, qu'en tombant ils ont encore servi la cause qui leur tenait tant à cœur. Et nous pouvons dire avec un légitime orgueil que si les jeunes gens de nos Unions ont su donner, sur les champs de bataille, l'exemple du devoir le plus pur, de l'abnégation la plus complète, que s'ils ont été parmi ceux auxquels la Patrie réserve une éternelle reconnaissance, parmi ceux qui ont été les artisans de la Victoire, l'Union a été pour quelque chose dans la formation de ces âmes si nobles, de ces grands patriotes chrétiens, qui ont su donner leur sang pour la plus belle des causes !

Mortes, nos Unions, alors que tant de leurs membres viennent de nous donner la preuve la plus éclatante, et qui doit être la plus féconde, des fruits de leur œuvre dans les cœurs ! Mortes, nos Unions, alors que pendant quatre ans, nous avons trouvé, chez leurs membres au milieu de la fournaise ce besoin de crier à leur Union leur reconnaissance pour tout ce qu'ils sentaient leur devoir moralement et physiquement ! Mortes, nos Unions, alors que les devoirs de l'heure présente s'imposent à elles avec une force solennelle et douloureuse, grandissant encore le but de leur œuvre et leur responsabilité vis-à-vis de leurs frères ! Non, Messieurs, nos Unions ne sont pas mortes ! Elles ont reçu de leurs chers morts, tel un dépôt sacré, le devoir magnifique d'être leurs dignes continuatrices et de maintenir haut et ferme l'idéal pour lequel ils ont su mourir et pour lequel elles sauront vivre !

Nos Unions vivront, Messieurs, et aujourd'hui la preuve en est faite. Jamais elles n'ont été plus décidées à vivre et à grandir ! Et comment en douter, Messieurs, au moment où je vous convie à saluer maintenant les membres nouveaux de notre Comité National, qui ont su de suite nous apporter la nouvelle preuve que dans notre chère Patrie les belles et grandes causes ne sauraient mourir, car toujours elles sont génératrices des grands mouvements.

Et permettez-moi de dire, individuellement à chacun des membres du bureau, tout au moins, du C. N. la plus cordiale bienvenue au nom de notre Congrès tout entier. »

Après avoir chaudement remercié M. Paul de Pourtalès, M. Pierre Monod, président de l'Union de Paris et membre du C. N., et enfin M. H. d'Allens, Secrétaire général du C. N., pour leur empressée et très dévouée collaboration, M. le Président termine son souhait de bienvenue par ces mots :

« En présence des délégués de toutes nos Unions je suis heureux, Messieurs les nouveaux membres du bureau du C. N. d'avoir le privilège de vous exprimer notre profonde reconnaissance de ce que vous avez pris sans hésiter et de toute votre âme la place de nos regrettés prédécesseurs dans des heures particulièrement difficiles et graves. Votre présence à la tête de notre mouvement est la meilleure consolation que nous puissions avoir dans la tristesse de leur départ. Avec vous pour nous conduire nous pouvons envisager l'avenir avec confiance et sans crainte ! »

Ici M. Lafaurie se fait un devoir, combien doux, de remercier celui qui durant toute la guerre assuma seul la lourde charge de la direction de nos Unions : M. Raoul Allier, et de lui adresser l'hommage de notre profonde reconnaissance d'unioniste et de chrétien. Et M. le Président unit dans le même hommage sa dévouée collaboratrice, l'admirable Française qu'a été Mlle Viguier durant cette guerre.

« Il ne me reste plus, conclut-il, qu'à adresser à nos Eclaireurs unionistes les éloges dont ils sont dignes. Pourquoi vous le cacher ? J'ai un faible pour nos éclaireurs. C'est, que voyez-vous, mes jeunes amis, vous êtes cette semence sur laquelle nous fondons les plus grandes espérances pour le relèvement de notre chère Patrie. Nous savons tout ce que vous avez été pendant la guerre. Nous comptons sur vous pour la grande tâche de la paix. »

Après avoir adressé à MM. Bonnamaux et Beigbeder, pour le passé et pour le présent, ses plus chaleureux remerciements pour ce que nos Unions leur doivent par les Eclaireurs, M. Lafaurie termine son discours sur ces paroles de confiance et de foi :

« Oui, Messieurs, nos Unions vivront ! Et si c'était encore nécessaire après ce que je viens de dire, j'en trouve la dernière preuve dans le nombre important, jamais égalé dans le passé, des délégués envoyés par nos Unions de toutes les parties de la France. A la conférence de Nantes, en 1912, la XVIe conférence réunissait environ

130 délégués. Aujourd'hui vous êtes plus de 250 ! Que de promesses dans un tel chiffre ! Merci, Messieurs, d'être venus aussi nombreux. Merci d'avoir compris que jamais la tâche de nos Unions n'a été plus grande et plus belle, que jamais elle n'a nécessité le concours de plus d'ouvriers !

Donc, Messieurs, nos Unions vivront ! Mais de quelle vie vivront-elles ? La réponse, Messieurs, c'est vous qui la donnerez. Des importants travaux que vous allez entreprendre dépend l'orientation de nos Unions. Leur avenir est entre nos mains. Il sera ce que nous saurons comprendre que doit être l'œuvre de Dieu parmi notre belle jeunesse française. Notre responsabilité est grande, immense est notre champ de travail. J'ai confiance, Messieurs, qu'il ne sera pas au-dessus de vos forces. Nos Unions, et avec elles tout le protestantisme français fondent sur notre Congrès les plus grandes espérances. Il nous appartient maintenant d'en réaliser et d'agir.

Vous aurez parfois des conceptions divergentes. C'est du choc de nos idées contraires que jaillira la lumière. Nous aurons des discussions ; elles pourront être animées. Elles resteront toujours, j'en ai la conviction, cordiales et empreintes du respect de l'opinion d'autrui — car tous, Messieurs, nous serons animés d'un seul désir, d'une seule volonté : Faire Christ roi ! et alors, Messieurs, le souverain Maître devant lequel tous nous nous prosternons, nous éclairera dans nos décisions et inspirera nos résolutions ! Puisse-t-il répandre sur cette assemblée, sur chacun de nous, son Esprit saint, sans lequel il serait vain d'espérer faire œuvre utile et féconde.

Que Dieu nous dirige, Messieurs ! C'est sous son regard et sous sa Bénédiction que je place en terminant les travaux que vous allez commencer.

Et maintenant, Messieurs, à l'œuvre pour Christ et pour la France ! »

RÉCEPTION SOLENNELLE
DU
GROUPE D'ALSACE ET DE LORRAINE

La salle des séances est comble. Les 250 délégués sont à leur place et, pleins d'enthousiasme, après en avoir tant désiré le jour, attendent la minute où, d'un même élan, la Conférence va pouvoir se dresser tout entière pour célébrer le retour des Unions d'Alsace et de Lorraine...

*
* *

La parole est au *président de la Conférence*. Dans un profond silence il demande brièvement à l'Assemblée de se prononcer sur l'admission, dans l'Alliance française, du Groupe des U. C. J. G. d'Alsace et de Lorraine. Les acclamations de tous les délégués debout lui répondent... Et, tandis que, lentement, à l'appel de leur nom, les représentants du Groupe d'Alsace et de Lorraine montent sur l'estrade, l'Assemblée les salue, au nom de la France tout entière, par une ovation chaleureuse... (1).

M. Robert Lafaurie leur dit alors tout son attachement pour l'Alsace et la Lorraine, toute sa joie de les recevoir, eux, ces amis, qui représentent tous ceux de là-bas...

« *Si pendant tant d'années,* leur dit-il, *votre place est restée vide dans nos assemblées, combien grande est celle que vous n'avez cessé d'occuper dans nos cœurs durant cette longue séparation.*

Nous n'avons jamais pris notre parti, vous le savez, que pût être définitive la rupture qu'un cruel destin nous imposait. Nous avons attendu avec des alternatives d'espérance et de déception, dans lesquelles dominait toujours la confiance dans un avenir où de nouveau pourraient se retrouver confondues nos destinées au sein de la mère-Patrie. »

(1) Etaient venus d'Alsace : MM. le pasteur Teutsch, D. Muhrbach, Ch. Jost, le pasteur Herzog, Morel, Hoffman, Et. Jost.

Puis après avoir rappelé la joie qui fut nôtre au jour libérateur du 11 novembre 1918, il ajoute : « *Et maintenant qu'est venu ce jour tant attendu de la délivrance, c'est avec une joie légitime que je vous apporte, au nom de notre Congrès, ses souhaits de bienvenue et ses sentiments d'allégresse.*

Est-il nécessaire, Messieurs, de vous parler, de notre attachement, de tout cet ensemble de sentiments dont nos cœurs débordent aujourd'hui pour nos chères Unions d'Alsace et de Lorraine. Vous trouverez avec moi, Messieurs, que des liens qui ont résisté aux souffrances des longues années de séparation, et qui se retrouvent nonpas intacts, mais prodigieusement resserrés par ces souffrances même, dépassent l'expression des paroles humaines. »

Et M. Lafaurie conclut en disant : « *Vous nous apportez le concours de vos forces et nous savons tout ce qu'il y a de puissante réalisation dans vos caractères et dans vos tempéraments.*

Et tous ensemble nous travaillerons au même idéal pour la grandeur de notre chère France ! En terminant, permettez-moi de pousser en votre honneur ce double cri : Vive l'Alsace et la Lorraine ! Vive la France ! »

Puis M. Paul de Pourtalès, président du C. N., associe le Comité National aux paroles de bienvenue de la Conférence en ces mots :

« *Je demande à associer le Comité National aux paroles de bienvenue que Monsieur le Président de la conférence vient d'adresser aux envoyés d'Alsace et de Lorraine.*

Mon cœur, d'unioniste, de Français et d'Alsacien tressaille en voyant ici ces envoyés des provinces reconquises venir nous demander d'entrer dans l'alliance. Je salue M. Teutsch, *M.* Murbach, *M.* Herzog *; je salue celui qui a souffert par sa fidélité, M.* Jost, *tous ces envoyés d'Alsace je les acclame avec vous. Je pense que vous voudrez aussi tous vous joindre à moi pour acclamer ce souhait que la prochaine Conférence Nationale ait lieu à Strasbourg.* »

A ces paroles de bienvenue, M. le pasteur Teutsch, président du groupe d'Alsace et de Lorraine, répond en ces mots : « *Au nom des délégués de notre groupe d'Alsace et de*

Lorraine, réunis il y a 15 jours au pied des Vosges, à Barr, à leur 34ᵉ fête unioniste, je tiens à vous apporter les salutations et les vœux de nos frères d'Alsace.

Au nom de mes amis ici présents MURBACH *et* JOST, *membres de notre Comité, et de MM.* HERZOG *et* HOFFMAN, *je vous remercie chaudement de votre accueil si touchant et si profondément fraternel. Par votre témoignage d'amitié vous avez voulu affirmer la part que vous avez prise à notre joie de nous réunir et ce, pour la première fois depuis un demi-siècle, avec les fils de France.*

Combien de liens nous unissent et nous ont unis de tous temps à votre pays, la patrie de nos pères, notre patrie ! Inutile de les énumérer. »

Et M. TEUTSCH termine par ces mots qui disent toute sa foi en la destinée future de nos Unions :

« *Le Seigneur dans sa grâce infinie, malgré notre peu de puissance, a mis devant nous une porte ouverte que personne ne peut fermer. Pénétrons par cette porte dans la terre sainte de la jeunesse, marchons et travaillons après la conquête des armes de nos soldats, à la conquête plus pacifique des âmes de nos jeunes pour le Seigneur Jésus-Christ !* »

M. JOST, président de l'Union de Rothau, qui pendant la guerre a chèrement payé sa fidélité à la France, s'associe très ému aux paroles de M. Teutsch ; il dit en ces mots les souffrances ressenties pendant la domination étrangère mais aussi les espérances permises et la joie présente qui efface tout ce passé douloureux : « *Ceux d'entre vous, chers amis, qui me connaissent savent combien j'étais personnellement des vôtres depuis toujours ; ils savent avec quelle joie nous nous rendions à tous vos rendez-vous fraternels. Je n'ai à cela aucun mérite et d'autres ont, autant que moi, souffert pour la bonne cause. Aussi je suis tout confus de l'accueil chaleureux qui m'est fait... A tous je dis un cordial : merci.* »

*
* *

Comme autrefois les patriarches en Israël, la Conférence a voulu marquer d'une pierre spéciale cette date mémorable du dimanche 21 octobre 1920...

Le socle est en marbre clair et porte gravé le souvenir de la journée. Au-dessus se dresse dans l'attitude fière d'un cocorico sonore, le coq gaulois, les ailes déployées, tout prêt à l'envol pour porter là-bas, de l'autre côté des Voges, un peu du souffle de la conférence et rappeler par sa présence dans la grande cité alsacienne que ce jour tant attendu est enfin arrivé où le groupe d'Alsace et de Lorraine a repris pour toujours sa place dans la grande famille unioniste française.

DISCOURS DE CLÔTURE

Par M. Robert LAFAURIE

Messieurs,

Les remerciements qui viennent d'être si aimablement exprimés et auxquels nous sommes très sensibles présagent la fin de notre Congrès. Il est tard, et la plupart d'entre vous sont pressés par l'approche de l'heure du départ, vous n'attendez donc pas de moi un discours de clôture et c'est heureux, car je n'en ai préparé aucun.

Je tiens cependant à ajouter simplement quelques mots, avant de nous séparer. Après ces trois journées peut-être trop remplies, quelle impression conservons-nous de ce Congrès ? Si nous voulions lui donner un nom, il me semble qu'on pourrait l'appeler « La conférence des Jeunes ». Et ce ne fut pas, en tout cas, celle des vieux, car ceux-ci ont été un peu malmenés pendant ces deux dernières journées. C'est donc aux jeunes que je désire plus spécialement m'adresser avant de nous quitter.

Je tiens à vous dire, mes jeunes amis, que nous, vos très aînés, nous ne vous en voulons pas ; à notre âge nous en avons vu bien d'autres !

Permettez-moi cependant de répondre à un double sentiment qui me semble avoir percé dans vos réflexions à l'égard des aînés :

1° Votre étonnement de voir encore des « Vieux jeunes gens », comme vous les appelez, faire partie de nos U. C. J. G. En voulez-vous l'explication ? La voici, dans toute sa simplicité. Nos cheveux et notre cœur n'ont pas le même âge, et alors que vous ne voyez que les premiers, nous ne vibrons, nous, que par le second, que nous sentons resté très jeune.

2° Votre surprise, je dirais presque votre mécontentement, que nous n'ayons pas, vous et nous, sur bien des points la même conception. — Quand vous aurez, mes jeunes amis, deux fois et demi votre âge, croyez-vous vraiment que vos idées d'aujourd'hui seront restées les mêmes ? Laissez-moi vous assurer que si tel est le cas, il est à craindre que vous n'ayez pas su profiter de la vie, ni de son expérience.

Et maintenant que j'ai répondu à vos deux objections, j'ai hâte d'ajouter que c'est avec plaisir comme avec confiance que nous avons constaté votre désir de partir en avant avec vos propres forces. Et puis, vous savez bien, n'est-ce pas, que nos bras seront toujours prêts à s'ouvrir pour vous acccueillir, de même qu'aujourd'hui s'élèvent nos mains pour appeler sur vous la bénédiction de Dieu.

Messieurs les Délégués,

Au moment où chacun de vous va rentrer dans son foyer, il m'apparaît avant tout que tous ceux qui ont été ici peuvent le faire avec ce sentiment que, dans nos décisions prises, il n'y a pas eu de vaincus ! Oui, Messieurs ! tous ici vous pouvez repartir en vainqueurs !

Vainqueurs ! les jeunes, qui ont eu la joie d'obtenir la réalisation de leurs vœux ! Et en même temps que je leur exprime le plaisir que j'en ressens pour eux, je ne puis m'empêcher de leur dire : soyez dignes de la confiance que nous vous avons montrée ! car dans votre victoire, il y a une lourde responsabilité. Encore plus vainqueurs sont ceux qui ont su faire violence à leurs convictions personnelles, et, par amour pour leurs frères, ont renoncé avec tant d'abnégation à des conceptions qui leur étaient chères !

Et c'est là, Messieurs, un très beau résultat ! Nous le devons à l'admirable matinée de ce jour, qui n'a été, je le dis sans exagération, qu'une longue prédication. Commencée par le solennel et émouvant service présidé par M. le Pasteur Lauga, dont je regrette l'absence, pour pouvoir le remercier encore, elle s'est déroulée ensuite sous l'Esprit de Dieu, que l'on sentait vraiment vivant dans tous les cœurs.

Nous avons vécu ajourd'hui des heures inoubliables. Je vous remercie, Messieurs, de nous les avoir apportées.

IIe PARTIE

QUESTIONS ADMINISTRATIVES

RAPPORT DU COMITÉ NATIONAL

I. Nos Morts

Au moment de vous donner connaissance du rapport du Comité National, je ne peux m'empêcher de songer avec émotion que ce n'est pas ma voix qui devrait vous le lire ; ceux que nous voudrions voir à cette place, la guerre nous les a ravis et c'est vers Grauss et Willianson, secrétaires généraux du Comité National, que vont mes premières pensées. Ils avaient consacré les dons de leur esprit et les richesses de leur âme à l'action parmi les jeunes ; de toute leur foi et de tout leur enthousiasme, ils s'y étaient donnés et leur passage parmi nous a laissé dans nos cœurs et dans nos Unions des traces bénies. Au seuil de la 17e Conférence Nationale des U. C. J. G., leurs figures aimées doivent se dresser en pleine lumière, évoquant chez les plus âgés de précieux souvenirs, présentant au plus jeunes deux chefs dont il faut se souvenir.

Le premier, Samuel Williamson, nous quitta le 15 août 1918 pour l'invisible. Son état de santé qui le tenait éloigné du Comité National depuis 6 ans ne lui avait pas permis d'être mobilisé, mais il tint à mettre quand même les forces qui lui restaient au service de la France sous les armes et, à son poste de Directeur régional des Foyers du Soldat, il put faire profiter les soldats de ses qualités d'organisateur et de la puissance de sympathie qui émanait de lui. Les dernières années de son activité unioniste furent en partie consacrées au Mouvement des Eclaireurs dont il eut la gloire d'être le promoteur en France et plus particulièrement des Eclaireurs Unionistes qu'il organisa avec un rare sens pédagogique et une grande connaissance de la mentalité du jeune garçon. Williamson était un modeste, et sans se mettre en avant, par la seule valeur de son âme et la sérénité rayonnante de sa foi, il sut exercer sur ceux qui l'approchèrent une profonde influence et mettre sur l'œuvre unioniste l'empreinte de son attachante personnalité et de sa piété vivante. Gardons précieusement le souvenir de cet unioniste modèle, toujours accueillant et affable, doux et bienveillant envers tous, sachant apporter dans les débats une aménité qui écartait toute discussion irritante et une fermeté affectueuse qui lui donnait une grande autorité.

Quelques jours après la mort de Williamson, Charles Grauss, Lieutenant d'infanterie, Chevalier de la Légion d'honneur, plusieurs fois cité, tombait le 29 août mortellement blessé à l'assaut de Juvigny dans l'Aisne. Secrétaire général de la Fédération des Etudiants Chrétiens, depuis 1905, il avait été nommé Secrétaire général du Comité National des Unions Chrétiennes avec Williamson, après le départ de M. Sautter, et sa nomination symbolisait la collaboration étroite et nécessaire qui doit exister entre les Unions et la Fédération qui en est issue. Un admirable essor donné à l'œuvre parmi les Etudiants, les camps de Domino, les Volontaires du Christ, le Mouvement des lycéens, les Congrès annuels, de lointains voyages, véritables tournées missionnaires, un concours actif apporté à l'œuvre unioniste, telle fut pendant près de 10 ans la vie de Grauss. Il avait accepté, pendant la maladie de Williamson, la charge écrasante d'assumer la double direction des Unions Chrétiennes et de la Fédération. Il s'y donna avec toute l'ardeur qu'il mettait dans toutes ses entreprises, avec sa nature enthousiaste, allant droit au but, avec son amour des âmes qui lui inspirait des accents d'une puissance entraînante. C'est lui qui prépara le dernier Congrès de Nantes en 1912 dans lequel il joua un rôle important et où il proclama la nécessité d'un christianisme conquérant, réalisé grâce à une étroite union des cœurs.

Williamson, Grauss, deux amis, deux exemples. Profondément unis par le travail et l'affection, ils sont partis presque en même temps vers les réalités spirituelles dont ils furent, durant leur trop court passage parmi nous, de puissants évocateurs.

Au nom de leurs anciens collaborateurs, au nom des Unionistes qu'ils ont tant aimés, au nom de la génération qui se lève et qu'ils ont préparée, nous leur adressons, en ce premier jour de Congrès d'après-guerre, l'hommage ému de notre souvenir et de notre reconnaissance.

Messieurs, les deuils du Comité National ne se sont pas arrêtés là. Deux de ses membres les plus éminents nous ont été enlevés depuis notre dernière rencontre nationale.

En février 1917, le Comte Jacques de Pourtalès, frère du Président actuel de notre Comité National, succombait à une courte maladie. Membre de la Commission Exécutive du C. N. dont il suivait assidûment les séances, s'intéressant à toutes les questions et attentif aux moindres détails ; délégué depuis 1905 des Unions françaises au Comité Universel, où son tact, son urbanité, sa culture lui acquirent rapidement une grande influence, président de l'Union de Paris à laquelle il a consacré pendant de longues années tout son cœur et une grande partie de son temps, le Comte Jacques de Pourtalès a droit à la profonde reconnaissance des Unions de France. C'est lui qui, en 1905, présida à Paris la Conférence Mondiale où fut célébré le jubilé cinquantenaire de l'Alliance Universelle des Unions et ceux qui ont pu y assister se rappellent avec quelle autorité il en dirigea les débats, prononçant des discours en trois langues devant les 700 délégués représentant 25 nations différentes. Puis, il fut, avec M. Emmanuel Sautter et M. le professeur Henri Bois, un des délégués de la France au Congrès universel des Etudiants chrétiens à Tokio, profitant de cette occasion pour visiter nos Unions d'Indo-Chine et pour participer au Japon à une véritable tournée missionnaire. Il a mis au service des jeunes ses hautes qualités et son inlassable dévouement et sa mort a été bien douloureusement ressentie parmi nous.

Au moment où, la guerre finie, l'œuvre de réorganisation commençait, une nouvelle épreuve venait frapper le Comité National et les Unions de France. M. Edouard de Billy, président du Comité National depuis 1912, trouvait la mort en juillet 1919 au cours d'un terrible accident de cheval. Rentré depuis peu de temps d'Amérique où la confiance du Gouvernement l'avait appelé à la direction des services du Haut-Commissariat français à Washington, M. de Billy avait aussitôt repris le contact avec les Unions et s'était fait mettre au courant des questions à l'étude ; il venait de présider une importante séance de la Commission exécutive le 7 juillet, quand quelques jours plus tard nous apprenions sa fin tragique. Ce fut pour ceux qui avaient la responsabilité du Mouvement unioniste un coup terrible, car M. de Billy, par la lucidité de son intelligence, la précision de son esprit, la fermeté de son caractère, était un chef dont les conseils et les directions nous étaient particulièrement précieux aux heures difficiles que nous traversions. Délégué de la France au Comité Universel depuis 1909, il y avait rapidement pris une place importante ; nous comptions beaucoup sur lui pour aider nos Unions à sortir de la crise où la guerre les avait plongées, sur son jugement si sûr, sur sa hauteur de vues, sur sa foi profonde. Il a été brusquement enlevé à notre œuvre et nous en avons été bouleversés.

Vous le voyez, Messieurs, votre Comité National a été cruellement éprouvé. Mais la guerre nous a fait bien d'autres blessures encore. Ils sont nombreux les unionistes fidèles et actifs, habitués assidus de nos grandes manifestations et dont nous cherchons malgré nous les visages dans nos rangs. Je ne puis les citer tous ici ; ils sont, hélas, trop nombreux ; le chiffre que je vous apporte est encore inférieur à la réalité, car il me manque, sur ce point, la réponse d'une quinzaine d'Unions. Mais il est suffisamment éloquent par lui-même quand on songe qu'une bonne partie de nos membres les plus actifs font partie de ceux qui se donnèrent jusqu'à la mort.

Messieurs, 850 unionistes sont tombés aux Champ d'Honneur avec calme et courage, virilement et sans murmure, en communion intime avec le Christ, les yeux élevés vers Dieu ; il ont offert leur vie pour la défense du droit et de la justice outragés. Sans haine, mais sans faiblesse, ils se sont sacrifiés pour que les autres puissent vivre ; l'héritage qu'ils nous laissent est sacré ; comme l'écrivait Charles Grauss : « Vous êtes là, vous, les jeunes, vous avez prouvé, dès les premiers jours, que nous pourrons compter sur vous. C'est pour cela que nous ne craignons rien. » Mes chers camarades, nous répondrons, n'est-il pas vrai, à l'attente confiante de ceux qui, en mourant, nous ont transmis le flambeau que leurs mains ne pouvaient plus porter.

II. Pendant la guerre

Et maintenant, il nous faut jeter un coup d'œil rapide sur les événements qui se sont passés au cours de ces dernières années. Notre dernière Conférence Nationale ayant eu lieu à Nantes en 1912, c'est un laps de 8 ans dont nous avons à parler, au lieu de la période de 3 ans séparant habituellement nos Conférences Nationales. Vous comprendrez aisément que je ne pourrai pour cette raison entrer dans de longs détails et que je devrai me contenter d'un tableau vu en raccourci.

Le 2 août 1914, la mobilisation générale désorganisa en 24 h. nos associations et suspendit presque totalement la vie unioniste. La plupart des Unions durent fermer leur porte, tous leurs membres étant au front; ici et là, grâce à la présence d'un noyau de jeunes non encore mobilisés, grâce à quelques pères de famille dégagés par leur âge de toute obligation militaire, grâce à des Unionistes mutilés de guerre et rentrés à leur foyer, l'Union put reprendre une vie ralentie. Ici le local fut ouvert aux Malgaches cantonnés dans la ville, là il fut mis à la disposition de la Croix-Rouge et transformé en hôpital, ailleurs il devint le siège d'un Foyer du Soldat, voire même d'un centre téléphonique. Il y aurait bien des choses intéressantes à dire sur la vitalité de nos Unions en pays envahi, comme à St-Quentin, où en pleine occupation allemande, au milieu de dangers de toutes sortes, l'Union, dispersée par la mobilisation, fut reprise par quelques jeunes, passa en un an de 4 à 40 membres dont quelques-uns à peine étaient d'origine protestante et fut le théâtre d'un émouvant réveil parmi la jeunesse.

L'activité, forcément très réduite, des Unions pendant la guerre se manifesta sous les formes suivantes.

1° *Ravitaillement moral et spirituel des soldats du front*

Déjà avant la guerre le Comité National publiait pour les conscrits membres des Unions la *Correspondance Militaire Unioniste,* destinée à les maintenir en relations avec nos Associations. Grâce à l'activité de son rédacteur, R. De Jarnac, qui s'y est consacré avec un entier dévouement, l'envoi de cette feuille fut étendu dès le commencement des hostilités à tous les unionistes mobilisés, et elle leur a apporté régulièrement des nouvelles, impatiemment attendues, les uns des autres. Mais le besoin s'est fait rapidement sentir de fournir à nos soldats des lectures réconfortantes sous forme de journaux religieux, de traités, de brochures spéciales et même de livres. Sous l'impulsion de Eug. Kies, secrétaire général du Groupe de la Seine, ce ravitaillement a commencé en septembre 1914 par l'envoi du *Christianisme* et d'*Evangile* et *Liberté* auxquels sont venus s'ajouter l'*Espérance*, l'*Effort*, le *Relèvement*, le *Journal du Soldat*, etc. Du Groupe de la Seine il s'est étendu à toutes les Unions, dans chacune desquelles il a été assuré par un correspondant : unioniste non-mobilisé, femme d'unioniste ou de pasteur, parfois présidente ou secrétaire d'une U. C. de jeunes filles voisine.

Le Comité National a organisé un service de colis de Noël, composés des articles choisis par l'Unioniste lui-même, d'après une liste qui lui était préalablement soumise. Le nombre des colis s'est élevé à 1.500 dont certains représentaient une valeur de plus de 100 fr. Le Comité National était aidé dans cette œuvre par les amis qui répondaient à son appel, par les Unions Chrétiennes de jeunes gens, tout particulièrement par les Unions Chrétiennes de jeunes filles qui se sont montrées des collaboratrices aussi fidèles qu'éclairées, et enfin par les différents groupements de la Fédération Française des Etudiants Chrétiens. Ce service était dirigé par Mlle Viguier, qui, malgré ses occupations de plus en plus absorbantes dans les Foyers du Soldat, trouvait le temps, en l'absence de Grauss et de Williamson, d'entretenir avec un grand nombre d'unionistes sous les drapeaux une correspondance qui fut pour eux un réconfort.

2° *Soutien du moral de l'arrière*

Dans la région parisienne, les Unions ont doublé cette action d'une autre destinée à soutenir le moral des non-combattants.

M. le Doyen Raoul Allier, Vice-Président du Comité National, entreprit une série de remarquables conférences sur les questions soulevées par la guerre. Il les poursuivit semaine après semaine pendant trois ans et il exerça une profonde influence sur ses nombreux auditoires et, lorsque ces conférences furent imprimées, sur ses lecteurs.

De plus, le groupe de la Seine organisa à Paris une trentaine de conférences patriotiques et religieuses très suivies, auxquelles participèrent des pasteurs, des professeurs, des officiers, des hommes politiques.

J'ajouterai que, malgré la dispersion de ses membres, la plupart mobilisés, la Commission Exécutive du Comité National tint plusieurs séances pendant la guerre, profitant pour se réunir de la présence de M. de Billy à Paris au cours de ses permissions. Parmi les questions qui l'occupèrent principalement, figure celle du Mouvement des Eclaireurs Unionistes qui continuait à se développer d'une façon très encourageante et dont s'occupèrent successivement Henri Bonnamaux, Georges Diény et Jean Beigbeder, à titre de Commissaires Nationaux. Un grand nombre de questions se posant, un organe de direction, formé d'hommes présents à Paris, fut jugé indispensable et on créa la Commission Nationale des E. U., dépendant du Comité National et chargée par lui de tout ce qui concernait les Eclaireurs. Des statuts provisoires furent rédigés et déposés à la Préfecture de Police pour permettre aux E. U. de se rattacher à la Fédération française des Eclaireurs; la revue des Eclaireurs fut réorganisée, plusieurs conseils nationaux de chefs eurent lieu, de jeunes chefs se levèrent pour remplacer ceux que successivement la mobilisation prenait chaque année, nos éclaireurs apportèrent un concours très apprécié aux œuvres de guerre en aidant à l'installation et au service des hôpitaux, cantines militaires ou cantines pour réfugiés, à la vente des insignes pendant les journées du 75, de la Croix-rouge, des régions libérées, etc., à l'organisation de fêtes artistiques dans les hôpitaux ou Foyers du soldat, à l'organisation de services d'ordre, etc. Pendant les étés 1916, 1917, 1918, des équipes agricoles ont travaillé dans les diverses régions de la France et ont aidé les cultivateurs pour les fenaisons, les moissons ou les vendanges.

Pendant que leurs aînés faisaient face à l'envahisseur, les

Eclaireurs Unionistes, malgré leur jeune âge, apportaient à l'œuvre commune une collaboration pleine d'entrain et de bonne humeur. Dans les régions occupées, nos troupes ne restaient pas inactives et, à Fives-Lille, les E. U. qui aidaient à la distribution de soupes populaires faillirent être fusillés par les Allemands sous les yeux de leurs mères.

Le Comité National s'occupa aussi activement d'enquêtes sur les unionistes disparus ou prisonniers et put, grâce à l'intermédiaire du Comité Universel, rassurer sur le sort de leurs fils faits prisonniers des familles qui en étaient sans nouvelles.

C'est pour moi un très agréable devoir de remercier en notre nom à tous M. le Doyen Raoul Allier et Mlle Viguier, qui, demeurés à Paris, assurèrent, au milieu de grandes difficultés, la continuité de l'action du Comité National et l'organisation des divers services dont je viens de parler.

III. — Au lendemain de la guerre

Après l'armistice, lorsque la démobilisation commença, la situation de notre Alliance Nationale était bien précaire. D'une façon générale, les groupes étaient inexistants, les Unions de même. Un questionnaire du C. N. envoyé à la fin de 1918 resta presque sans réponse; les destinataires étaient décédés, ou avaient changé de résidence ; une nouvelle génération avait grandi qui pendant 5 ans n'avait pas eu de rapports avec le Comité National, on ne savait plus à qui s'adresser. Les cadres étaient affaiblis ; sur une quinzaine de secrétaires généraux en service avant la guerre, un seul restait en fonctions, à l'armistice, celui du Groupe de la Seine, 6 étaient morts, plusieurs postes avaient dû être supprimés; partout ceux qui comptaient parmi les meilleurs de nos membres étaient tombés ; des Unions du Nord et du Nord-Est les unes étaient en ruines, les autres avaient eu leurs locaux pillés, et elles appelaient à l'aide ; l'*Espérance*, bien amaigrie sous sa robe verte, ne paraissait que sur 4 ou 8 pages et ses abonnés avaient naturellement suspendu tout paiement depuis 5 ans. Nous n'avions plus de siège social distinct. Emigrés de l'Union de la rue de Trévise transformée en hôpital, les dossiers du Comité National avaient suivi Mlle Viguier, entrée dans l'œuvre des Foyers du Soldat où elle centralisait nos services subsistants.

Un certain nombre de démobilisés se décourageaient à l'aspect de ce triste tableau, se demandant si les Unions pourraient jamais se relever et reprendre leur activité d'avant-guerre. Localement, régionalement, nationalement, ce n'était guère que ruine et néant. L'avenir apparaissait sous des couleurs bien sombres et les dirigeants des Unions, tout en conservant envers et contre tous leur confiance dans la vitalité du Mouvement et dans le secours de Dieu, ne pouvaient se défendre d'une certaine angoisse en se demandant de quoi demain serait fait.

Eh bien, Messieurs, novembre 1920 apporte une réponse éclatante aux questions de novembre de 1918. Les Unions agonisantes, il y a deux ans, sont ressuscitées et notre jeunesse a si bien compris la tragique grandeur de son devoir actuel qu'elle a envoyé au Havre 250 délégués, alors qu'à notre dernier Congrès de 1912, à Nantes, nous n'étions que 130.

Messieurs, un mouvement qui, après 5 années d'inexistence forcée et de désagrégation complète, peut, en 24 mois, se ranimer, se redresser et grouper à nouveau une phalange nombreuse de jeunes gens enthousiastes, un tel mouvement contient en lui une force qu'il est de notre devoir d'utiliser à la gloire de Dieu et pour le plus grand bien de nos frères.

Mais n'anticipons pas. Je n'oublie pas que j'ai à rendre compte à la Conférence de ce que le C. N. a fait au cours de ces dernières années. Avant de l'exposer, je tiens à noter que les résultats de cette activité étaient conditionnés par l'accueil qu'elle recevrait ; or l'excellent esprit, le concours attentif, la collaboration de tous les instants que le C. N. a rencontrés auprès des Groupes et des Unions ont soutenu ses efforts et leur ont permis de rayonner, je tiens à en apporter ici un témoignage reconnaissant.

IV. La réorganisation d'après-guerre

Tout était à refaire, il fallait agir avec méthode, classer les activités par ordre d'importance et aller d'abord au plus pressé pour reprendre le contact avec les Unions.

Après s'être assuré les services d'un nouveau secrétaire général, le C. N. s'est préoccupé de réorganiser son siège social, cellule centrale indispensable à une action féconde. Il ne pouvait s'installer à l'Union de Paris, comme avant la guerre, car cette Union, voyant doubler son budget, devait consacrer toutes ses salles disponibles à des dortoirs qui, tout en rendant un immense service aux demandes de logement qui affluaient, constitueraient une source de revenus. Comme il avait été décidé, pour réduire les frais généraux et assurer une liaison étroite entre nos œuvres de jeunesse, de réunir dans un même appartement les bureaux du C. N. et des Eclaireurs et ceux des Etudiants chrétiens et des lycéens, il nous fallait un plus grand nombre de pièces et nous dûmes renoncer à l'idée de retourner rue de Trévise. Grâce à l'obligeance des Foyers, nous pûmes, en ce temps où il est difficile de se loger, grouper dans un appartement du 46 de la rue de Provence le C. N. et sa librairie, les E. U. et leur magasin, la Fédé et les lycéens, et peu de temps après nous nous installions au numéro 41 de la même rue où nous sommes actuellement.

Nous étions alors en mesure de rétablir les trois services sans lesquels nous ne pouvions espérer renouer avec les Unions les liens qui s'étaient relâchés.

1° *L'Espérance* tout d'abord. Un Comité d'une quinzaine de jeunes hommes se reconstitue et se met à l'œuvre. Au cours de 1919 nous étions tombés à 800 abonnés payants, aujourd'hui nous en avons 2.350, c'est donc un gain de plus de 1.500 abonnés en un an. Vous le savez, on juge un mouvement d'après sa revue, nous voulons donc faire de l'*Espérance* un journal digne de nos Unions, nous sommes encore loin de la perfection, mais les encouragements que le Comité a reçus l'engagent à persévérer dans la voie où il s'est engagé et à chercher tous les progrès susceptibles de rendre l'*Espérance* plus attrayante et plus intéressante.

Grâce à l'*Espérance,* on sut que les Unions n'étaient pas

mortes, qu'elles avaient la ferme intention de revivre, on s'intéressa à leurs efforts. Elle allait chaque mois stimuler nos associations et leur apporter les nouvelles des efforts tentés un peu partout ; une âme commune se manifesta de nouveau.

Messieurs, nous vous demandons de nous aider en comprenant, comme plusieurs Unions l'ont fait, le prix de l'abonnement dans la cotisation de vos membres, de façon à ce que chaque Unioniste reçoive la revue chez lui, seule façon de la lire à tête reposée et de profiter de l'œuvre éducatrice qui s'y poursuit. Nous arriverions très vite ainsi à 4.000 abonnés, ce qui nous permettrait de réaliser de grandes améliorations matérielles.

2° *Les visites personnelles.* — La presse et la correspondance ne suffisent pas, il faut se connaître. Aussi le secrétaire général du Comité National a-t-il commencé une série de de voyages ; il a visité le Nord, la Normandie, l'Alsace ; s'est rendu dans diverses Unions du Pays de Montbéliard, de Rhône et Loire, du Sud-Est, du Gard et Midi, du Sud-Ouest, de l'Ouest, de la Seine ; a participé à huit conférences régionales et s'est rendu compte sur place des besoins spéciaux à chaque contrée. Par ce moyen, les liens se sont resserrés encore davantage.

3° *La publicité.* — Cette cohésion générale étant assurée par la presse et par l'action personnelle, le Comité National s'est préoccupé de faire une propagande méthodique. Il a édité une affiche-programme, des prospectus illustrés et une brochure intitulée « Aux jeunes », qui a été répandue le plus largement possible.

De plus, il s'est entendu avec l'Union pour l'action missionnaire en France, pour collaborer à la publication mensuelle de séries de brochures de 72 pages traitant les grandes questions bibliques, apologétiques, historiques, sociales, pédagogiques que le jeune homme doit étudier.

Enfin pour faire connaître notre mouvement au dehors il a rédigé ou inspiré des articles sur les Unions ; la *Démocratie* (organe de la Jeune République), la *Revue Moderne des Arts et la Vie*, la *Rural Manhood*, revue américaine, la *Revue du Christianisme Social*.

De son côté, l'Union de Paris a fait paraître dans

Excelsior un article illustré. Enfin le C. N. a participé à deux expositions nationales, l'une à Strasbourg, où un grand prix a été décerné à l'Alliance Nationale des U. C. J. G., l'autre à Sarrebruck, ce qui nous a permis de faire connaître notre mouvement aux spécialistes de l'Economie Sociale.

En mai 1919, une première séance plénière du C. N. avec les délégués de province put avoir lieu, suivie d'une réunion plus générale où furent convoqués tous les leaders unionistes.

Peu de temps après, à la suite de la mort de M. de Billy, M. le Comte Paul de Pourtalès était nommé président du C. N.

Depuis un an, j'ai le privilège de collaborer avec lui dans la direction de notre alliance française et je tiens à lui exprimer ici la profonde reconnaissance des Unionistes de France, non seulement pour avoir accepté d'occuper ce poste, mais pour la sollicitude attentive et l'intérêt de tous les instants qu'il ne cesse de témoigner à nos Associations. Les Unionistes savent, M. le Président, que vous n'êtes pas de ceux qui acceptent des titres honorifiques, et ils vous savent un gré infini de suivre d'aussi près la marche de nos Unions, de vous tenir régulièrement au courant de tout ce qui s'y passe et d'étudier vous-même chacune des questions qui se posent. Nous tenons à profiter de l'occasion qui nous est offerte aujourd'hui pour vous dire combien nous sommes heureux de vous avoir à notre tête.

Dès ses premières réunions mensuelles, au début de 1919, d'importantes questions, découlant de la désorganisation de la guerre, occupèrent aussitôt la Commission exécutive :

1° *Les régions dévastées,* c'est d'abord la question poignante des Unions des régions dévastées. Pour répondre aux besoins urgents de nos camarades du Nord et de l'Est, le C. N. organise :

a) Le fonds national de réorganisation qui met à notre disposition une caisse spéciale sur laquelle plusieurs milliers de francs sont remis aux U. C. victimes de l'invasion.

b) Le marrainage des Unions dévastées. D'accord avec

les groupes et grâce à la publicité de l'*Espérance*, un appel a été fait à la solidarité unioniste. Une quinzaine d'Unions ont trouvé des marraines et pu ainsi se procurer les premiers objets nécessaires à la reprise de leur activité. L'une d'entre elles a même vu son local en ruines reconstruit et meublé par l'Union marraine ce qui représente une somme de 6.000 francs. De leur côté, nos troupes d'Eclaireurs ont adopté des troupes du Nord et se sont ingéniées pour leur venir généreusement en aide.

2° *Les finances.* Les budgets ayant augmenté dans d'énormes propositions, une campagne a été faite pour l'accroissement correspondant des cotisations des unionistes ; des articles ont été publiés dans l'*Espérance*, des appels adressés au cours de visites. Les résultats ont été assez satisfaisants, mais il y a encore des Unions qui ont conservé une cotisation dérisoire et qui n'est plus en rapports avec les besoins actuels.

Le Groupe de la Seine dans une énergique campagne financière, a obtenu des unionistes, en plus de leurs cotisations statutaires, la somme de 6.000 francs en 1919 et je connais des ouvriers, des employés qui ont ainsi versé des souscriptions de 25, 50 et même 100 francs pour le fonds de propagande de leur groupe.

A côté de l'effort des Unionistes, nous nous sommes efforcés d'attirer à notre mouvement de nouvelles sympathies. C'est ainsi qu'à la suite de conversations entre le C. N., le Docteur John Mott et ses collaborateurs MM. Coffin et Davis, le Comité International des Y. M. C. A. a décidé tout d'abord de venir en aide aux Unions ayant souffert de la guerre, en apportant son concours financier au Groupe du Nord et ensuite de s'intéresser d'une façon plus générale à l'œuvre unioniste de France, en fournissant à Bordeaux une partie des fonds nécessaires à l'achat de l'immeuble où vient de s'installer le Foyer des œuvres chrétiennes de jeunesse.

3° *Les Secrétaires généraux.* — Une troisième question très urgente se posa devant le C. N., celle des postes de secrétaires généraux à réorganiser ou à créer. La première chose à faire était d'apporter un peu plus de précision dans l'organisation du secrétariat général, de fixer le mode de nomination, l'échelle des traitements, de donner des garanties aux hommes que l'on appellerait. C'est ce qu'a fait le C. N. : il a mis sur pied un statut provisoire et il continue à se préoccuper de cette importante question.

Grâce à des arrangements survenus entre le C. N. et les Unions intéressées, M. Ch. Schneider a été nommé secrétaire général de l'Union de Nimes et délégué du C. N. pour le Groupe du Gard et Midi, et M. Jean Lauga vient d'être désigné comme secrétaire général du Foyer des Associations chrétiennes de jeunesse de Bordeaux et délégué du C. N. pour le Groupe du Sud-Ouest. De plus, un poste de secrétaire général a été fondé pour le Groupe du Nord. Grâce au concours des Américains et du Groupe d'entr'aide de l'Union de Paris qui, dans un beau mouvement de solidarité unioniste, nous garantit 5.000 francs, le budget du Groupe du Nord est assuré pour 5 ans. Une auto est mise par les Américains à la disposition du secrétaire général que nous sommes en train de chercher activement. Le Groupe de l'Ouest se préoccupe de réorganiser un secrétariat général, les Groupes de Rhône et Loire et du Sud-Est sont en pourparlers pour unir leurs ressources, afin de créer un poste qui leur soit commun.

4° *Les relations internationales.* — Une autre question a aussi retenu, au cours de cette année, l'attention du C. N. Sollicité par le Comité Universel de prendre part à sa première séance d'après-guerre à Genève en juillet dernier, le C. N. a indiqué à quelles conditions il comptait y envoyer des délégués et a pris une attitude très nette et très ferme en ce qui concerne la reprise des relations internationales.

Je ne saurais mieux faire pour vous la résumer, que de vous donner lecture de l'ordre du jour voté le 7 mai 1920 par le Comité National :

« Le Comité National des Unions chrétiennes de jeunes gens de France, saisi par ses délégués au Comité Universel de l'ordre du jour des réunions plénières des 13 au 16 juillet 1920,

« Considérant que dans les séances administratives du Comité Universel figurent des questions intéressant au plus haut point le développement de l'œuvre unioniste dans le monde, développement dont les Unions de France ne peuvent et ne veulent se désintéresser,

« Décide que le Comité National Français sera représenté à ces séances ;

« Mais, considérant qu'il est possible que des délégués allemands prennent part à ces séances et que toutes précautions doivent être prises pour que leur présence à des réunions où se rendent des Français ne donne pas lieu à des interprétations dont nous ne voulons pas,

« Vote les déclarations suivantes :

« Le Comité National renouvelle solennellement son affirmation que la reprise des relations internationales entendue comme un recommencement de collaboration fraternelle est impossible, aussi longtemps que l'Allemagne, responsable de la guerre, n'aura pas reconnu sa faute et manifesté, par des actes, sa volonté d'effectuer les réparations nécessaires.

« Il estime que cette réprobation du passé doit être faite non pas par des individus, mais au nom des collectivités qualifiées pour engager les chrétiens allemands et, dans le cas présent, au nom des Unions Chrétiennes de jeunes gens allemandes,

« Il entend que la présence de ses délégués aux séances administratives ne signifie nullement un oubli ou un retrait de cette réclamation.

« Il demande au Comité Universel d'éliminer de l'ordre du jour des séances prévues, tout ce qui aurait l'air de supposer résolu le problème moral qui existe entre les Alliés et l'Allemagne. »

Nous ne sommes animés d'aucun sentiment de haine ou de rancune, nous ne nous posons pas en juges arrogants, nous demandons seulement aux Unions Chrétiennes allemandes de se désolidariser du crime de 1914, de ne pas faire cause commune avec ceux qui ont déchaîné la guerre, violé la neutralité Belge et déporté des femmes et des enfants. Tant que ce désaveu n'aura pas été formulé, il n'y a aucune collaboration religieuse et morale possible entre les Allemands et nous.

Nos deux délégués au Comité Universel, MM. F. Dürrleman et P. Monod, ont eu l'occasion de l'affirmer très nettement à Genève et de développer notre point de vue avec une entière franchise. Ils ont été soutenus par les délégués des Unions Sud-Africaines, mais, à l'exception des Belges qui étaient absents (ils nous ont fait savoir par la suite qu'ils étaient pleinement d'accord avec nous), je dois à la vérité de dire que nos autres Alliés bien qu'ayant manifesté individuellement, hors séance, à nos délégués, leur approbation sympathique, se sont abstenus, au cours des séances, de toute intervention sur une question morale d'une importance pourtant si primordiale, ce qui nous a étonnés et attristés. C'est précisément parce que nous souhaitons ardemment voir renaître la fraternité universelle, condition du Royaume de Dieu, que nous voulons voir écarter tout ce qui lui porte atteinte et envisager courageusement les raisons qui l'empêchent de se manifester et de rayonner au sein de l'humanité. Nous voulons que l'interdit qui pèse sur la conscience humaine puisse être levé et que la justice ne cesse pas d'être un des fondements sur lesquels s'élèvera la cité d'amour.

5° *La situation actuelle.* — Messieurs, voyons, en terminant, à quoi ont abouti tous ces efforts combinés du C. N., des Comités régionaux et des Unions locales. Nous sommes profondément reconnaissants envers Dieu de l'essor que les Unions ont repris depuis deux ans. Mais il ne faut pas nous dissimuler qu'il y a encore beaucoup à faire pour donner à notre mouvement toute la cohésion et toute l'importance qu'il doit avoir, beaucoup de nos Unions ont encore peu de consistance, et les réponses à notre questionnaire nous montrent que, sur bien des points, le triple programme unioniste est trop négligé.

Néanmoins la situation actuelle, toute insuffisante qu'elle soit, contient assez d'indications et d'encouragements pour nous permettre de regarder l'avenir avec confiance.

Les Groupes tout d'abord, nous en avons 12 maintenant que l'Alsace et la Lorraine sont venues se ranger à nos côtés. Mais en réalité nous n'en avons que 11 de vivants, le Groupe des colonies n'ayant pu encore être reconstitué. Citons quelques faits :

Le Groupe du Nord. Un des premiers sur pied, malgré

ses terribles blessures, s'est regroupé avec un entrain et un courage admirables. Avant même d'avoir pu relever ses ruines, il s'est souvenu qu'il était la terre d'élection de l'évangélisation et s'est rallié autour d'un programme de conquête. La création d'un poste de secrétaire général qui sera, j'en ai l'absolue confiance, bientôt pourvu, va donner au Groupe du Nord un essor tout nouveau.

Le Groupe de la Seine, que la guerre n'avait pas arrêté d'agir, a déployé depuis l'armistice une très grande activité. Réduit à une dizaine d'Unions, il a, sous l'impulsion énergique de son Comité et de son secrétaire général Eugène Kiès, atteint rapidement plus de quarante Unions et exercé sur la jeunesse de la région parisienne une influence réelle par les camps de Chaintréauville, les cours pour militants et les multiples rouages de son action.

Le Groupe du Gard et Midi, bien réduit lui aussi, après la guerre, est depuis deux ans soumis à une action méthodique qui a vite porté des fruits. Ses différents secteurs ont pris leur tâche au sérieux et par une série de réunions générales, tenues, tantôt dans une ville qui avait une Union pour la développer, tantôt dans une localité qui n'en avait pas pour en susciter la création, ils ont créé un mouvement qui se développe d'une façon très intéressante et dont il y a lieu de féliciter les promoteurs et tout spécialement le secrétaire général du Groupe, Charles Schneider.

Les Groupes de Haute-Normandie, du Nord-Est, du Pays de Montbéliard, du Rhône et Loire, du Sud-Est, de l'Ouest ont tenu des conférences régionales, stimulé leurs Unions, organisé des manifestations communes.

Le Groupe du Sud-Ouest, particulièrement démembré, aura, à partir du 15 novembre, en la personne de Jean Lauga, un secrétaire général dont l'autorité et l'enthousiasme sauront lui donner un puissant élan.

Quant au Groupe d'Alsace et de Lorraine, vous venez d'en entendre parler et nous fondons sur lui les plus grandes espérances.

Soucieuses d'affirmer sans tarder leur action religieuse et sociale, plusieurs Unions ont fait un grand effort pour posséder les moyens d'agir sur leurs concitoyens.

A Bordeaux, après une campagne qui est un grand

exemple de foi et de volonté persévérante, un bel immeuble a été acquis et abritera les diverses associations chrétiennes unies dans une tâche commune.

Au Vigan, un grand bâtiment, admirablement situé, vient d'être acheté et deviendra le centre d'une importante activité.

A Quiévy, dans le Nord, l'Union vient d'acheter un superbe pavillon, entouré d'un jardin.

Les unionistes de Clamart ont monté eux-mêmes, sur un terrain leur appartenant, une grande baraque en bois qui deviendra pour la jeunesse de cette localité un foyer accueillant. Et je sais bien des Unions qui, discrètement, sont en quête d'un immeuble à vendre pour leur permettre une action plus étendue. Il y a là un symptôme à noter qui montre, par des faits, que nos associations, après une crise redoutable entre toutes, commencent à se ressaisir et en sortent plus décidées que jamais à être une œuvre de conquête et d'avant-garde.

Les réponses au questionnaire, envoyées au C. N. il y a quelques mois, ne me permettent pas de vous donner une idée absolument complète de notre mouvement. Je le regrette, mais, malgré des rappels pressants, une quinzaine n'ont pas répondu ; néanmoins, je peux vous apporter des chiffres assez précis qui vous donneront une idée de la situation de l'Alliance des Unions de France à la fin de 1920.

Nous comptons, à l'heure actuelle, 130 Unions en vie se rattachant à l'Alliance contre 160 en 1914.

Plus de 15 Unions nouvelles se sont rattachées à l'Alliance depuis la guerre, un assez grand nombre ont momentanément disparu ou sont en train de se réorganiser.

Le nombre total des membres aînés, éclaireurs et cadets est de 6.020, se décomposant en :

1.590	actifs.
2.050	associés.
250	correspondants ou militaires.
1.510	éclaireurs.
620	cadets.
6.020	

En réalité les Eclaireurs sont plus nombreux, mais un grand nombre d'entre eux étant membres actifs ou associés, je ne les ai naturellement pas comptés à nouveau dans le total des Eclaireurs. Si l'on veut le chiffre exact de ceux-ci il faut y ajouter plusieurs centaines.

68 Unions ont un local indépendant.

54 Unions se réunissent dans une sacristie.

9 dans les locaux de fraternités ou dans des salles d'évangélisation de la Société Centrale ou de la Mission populaire.

2 sont sans local.

5 se réunissent au presbytère.

3 dans des maisons paroissiales.

35 Unions seulement ont un groupe sportif.

10 organisent des cours du soir.

Toutes ont des études bibliques.

Sur ces 130 Unions, un certain nombre ont pu reprendre et développper leur activité d'avant-guerre, d'autres au contraire sont encore peu nombreuses et ont une vie réduite, elles souffrent des vides creusés par la guerre et éprouvent le besoin de former d'abord les jeunes qui constituent la plus grande partie de leur effectif. L'organisme existe de nouveau et c'est déjà beaucoup. Il s'agit de le vivifier.

Saluons ici avec reconnaissance tous ceux qui ont contribué à relever les ruines de l'Alliance française des Unions chrétiennes.

La Conférence nationale est l'aboutissement de tout ce travail de réorganisation qui, dans toutes les régions de la France, s'est poursuivi depuis deux ans. Elle en est le couronnement et c'est grâce à vous et à tous ceux de vos camarades unionistes qui, modestement, mais avec courage, se sont remis à la tâche, que notre Congrès a pu être convoqué et a réuni un aussi grand nombre de participants.

Mais la Conférence nationale est plus que cela. Elle ouvre à nos Unions une ère nouvelle, elle est un commencement. La période de reconstruction est achevée ; celle de la conquête commence. Nous avons regroupé nos forces et concentré nos effectifs ; il faut maintenant passer à l'offensive ; c'est la question dont vous vous entretiendrez demain matin.

Messieurs, la Conférence nationale du Havre doit être une aurore. L'aurore dans la nature, c'est la liberté rendue aux rayons du soleil qu'emprisonnait la nuit. L'heure du rayonnement a sonné pour nos Unions.

H. D'ALLENS.

Secrétaire général du C. N.

RAPPORT FINANCIER DU COMITÉ NATIONAL

Les tableaux Recettes et Dépenses déposés sur le bureau par le Comité National pour la période 1913 à 1918, pour l'exercice 1919 et pour le premier semestre 1920 appellent les observations suivantes :

1° De 1913 à 1918 le Comité National a encaissé 270.032 fr. 06 et a dépensé 224.150 fr. 67.

La balance entre les sommes reçues et dépensées, qui est de : 45.881 fr. 39 pendant les années 1914, 15, 16, 17 et 18, ne correspond pas au solde laissé en caisse lors de la reprise du travail de M. d'Allens qui a été de 16.557 fr. 05.

Cela vient de ce que, avant la guerre, les fonds appartenant au Comité National des Unions Chrétiennes de jeunes gens et à la Fédération Française des Associations Chrétiennes d'Etudiants étaient communs. Lorsque M. d'Allens a reppris le travail au Comité National des Unions Chrétiennes de jeunes gens, la répartition a été faite d'accord avec la Fédération Française des Etudiants Chrétiens et c'est une encaisse de 16.557 fr. 05 qui a servi de base au 1er janvier 1919 à la reprise de l'activité.

En 1919,

1° RECETTES :

Cotisations des Unions : 318 fr. 50.

Ce chiffre est bien inférieur à ce que nous espérons qu'il sera = 4.000 fr., les Unions n'ayant pu recommencer à payer régulièrement leurs cotisations qu'en 1920.

Souscriptions du public : 5.118 fr. 45.

Chiffre minimum qu'il nous faudra augmenter par la suite.

Dons divers : 11.541 fr.

En majeure partie constitués par la réponse à l'appel fait après l'armistice en faveur d'un fonds national de réorganisation.

Magasin Eclaireurs : 37.264 fr.

Chiffre déjà important et qui s'accroît d'année en année prouvant la vitalité du Mouvement.

Librairie du Comité National : 4.476 fr. 15.

Les Unions devraient profiter davantage de la collection de brochures éditées par le Comité National et dont les délégués peuvent trouver des exemplaires au premier étage.

Espérance : 8.420 fr. décomposés comme suit:

Abonnements	5.807 55	
Annonces	906 »	
soit	7.613 »	
et	1.706 45	de dons spéciaux.

Nous attirons l'attention des délégués sur le gros effort fait pour développer la revue et nous comptons sur eux pour faire dans leurs Unions une ardente propagande en faveur de l'abonnement de *tous* les unionistes.

L'*Espérance* est absolument nécessaire au développement du Mouvement unioniste et il est indispensable que chaque membre ait à cœur d'y contribuer pour sa part.

2° DÉPENSES :

Divers : 5.621 fr. 90.

C'est l'emploi d'une partie des dons divers mentionnés ci-dessus.

Magasin Eclaireurs : 29.227 fr. 15.

Les recettes étant de 37.000 fr., il y a là une source de revenus à développer. Elle sera d'ailleurs largement dépassée en 1920.

Espérance : 6.965 fr. 20 contre 7.613 fr. de recettes.

Toutes nos félicitations pour ce beau résultat. Malheureusement il faut prévoir que l'exercice de 1920 se soldera pour ce chapitre par un déficit, l'augmentation des frais d'impression ayant été portée à 40 0/0 au mois de février et 50 0/0 au mois d'août, alors que l'augmentation de l'abonnement n'avait été que de un franc au début de l'année.

Les dispositions sont prises pour que par une augmentation du tarif de publicité de 50 0/0 et le prix d'abonnement porté à 6 fr. l'*Espérance* puisse faire ses frais en 1921.

Pendant le premier semestre 1920.

1° Recettes :

Don de Billy : 10.000 fr. Ce don a été capitalisé comme premier versement d'un capital de réserve que le Comité National a estimé nécessaire de constituer.

2° Dépenses :

Affranchissement : 1.008 fr. 90. Ce chiffre ne cesse d'augmenter par suite, en partie, de l'accroissement des frais postaux et en partie aussi de la négligence des Unions à répondre aux circulaires et lettres du Comité National, ce qui oblige ce dernier à expédier des lettres de rappel, dépenses qui pourraient et devraient lui être évitées.

Au total, les recettes dont a disposé le Comité National en 1919, déduction faite des 37.264 fr. du compte d'ordre « Magasin d'Eclaireurs » qui se retrouvent pour une somme à peu près égale, aux dépenses, s'élèvent environ à 52.000 fr.

Avec un budget aussi réduit, le Comité National ne peut pas remplir sa tâche. L'œuvre unioniste en France, telle que nous la voulons, ne peut pas s'accomplir.

Plus on réfléchit à ce que pourrait être l'œuvre unioniste, mieux on réalise combien formidable peut et doit être une telle organisation de jeunes hommes au service du Maître, rayonnant de son amour, plus on éprouve, n'est-il pas vrai, une ardente joie et une saine fierté à en faire partie et à y travailler.

Que la joie d'être unioniste, de pouvoir nous consacrer au service de Dieu, d'être un ambassadeur de Jésus-Christ, de travailler dans une œuvre qui nous appelle à la fraternité universelle, que cette joie soit la nôtre, qu'elle nous pénètre et nous anime. Et puis aussi soyons fiers d'être unionistes. Que cette fierté se manifeste par le port sur la blouse de l'ouvrier, comme sur l'habit de soirée, de notre insigne.

Et alors, certes, nous serons de bons ouvriers attendus et indispensables à la conquête pour Christ et à l'extension du Royaume de Dieu.

Mais il ne suffit pas d'avoir de bons ouvriers.

Il n'y a pas d'œuvre, pas d'organisation possible si la bonne volonté de chacun n'est pas dirigée.

Il n'y a pas d'Unions, de groupes d'Unions possibles, vraiment vivantes, agissantes, conquérantes, sans un Secrétaire Général à sa tête.

Je ne connais pas de tâche plus belle, si belle que je passe sous silence ce qu'elle peut avoir parfois d'ingrat, je ne connais pas non plus de tâche plus grande et plus difficile qui exige plus de connaissances et plus d'aptitudes réunies que celle d'un secrétaire général.

Mais qui donc doit nous donner ces secrétaires généraux, indispensables à notre œuvre qui en manque aujourd'hui plus que jamais, qui doit les former pour les amener à cette perfection requise, qui, une fois qu'ils seront affectés à tel ou tel poste, doit assumer à leur égard, l'unité de direction, indispensable à toute marche en avant, qui doit leur assurer l'existence matérielle, car enfin, une vocation, si belle, si prenante soit-elle, n'a jamais suffi à nourrir un homme, sa femme et ses enfants, — il faudrait pourtant qu'on arrive à le comprendre, qu'il s'agisse de nos pasteurs ou de nos secrétaires généraux.

C'est à notre Comité National qu'il appartient de rechercher tels moyens qu'il jugera bon, de nommer, de payer et de diriger les secrétaires de groupe.

Ainsi l'utilisation des bonnes volontés de tous les unionistes dépend des secrétaires généraux ; le recrutement de ces derniers, leur formation, leur direction dépendent du Comité National.

Il faut donc, en définitive, que cet organisme de qui dépend tout le mouvement unioniste en France ait une autorité morale et une capacité matérielle considérables.

Avec son président, M. de Pourtalès, et son secrétaire général, M. d'Allens, notre Comité National a l'autorité morale.

Avec ses 52.000 francs, le Comité National n'a pas la capacité matérielle ; ce sont des centaines de mille francs qu'il lui faudrait.

L'œuvre unioniste, comme celle de l'Eglise, comme celle des Missions, comme celle de l'Evangélisation, ce sont là des affaires. Et comme, dans toutes affaires, elles ont besoin pour réussir de beaucoup d'argent.

Mais ce sont des affaires de Dieu, et voilà, pourquoi, plus que dans toute autre, l'argent devrait y affluer.

Comment nous procurer cet argent ? Nous adresserons-nous au public ? Certes il faut que le public s'intéresse à notre œuvre, mais il ne s'y intéressera que dans la mesure où elle sera vivante. Avant donc de compter sur lui, comptons sur nous-mêmes, sachons faire nous-mêmes l'effort nécessaire.

Pour cela, il faut, avant tout, que les membres d'une Union ou d'un groupe d'Unions cessent de limiter leurs pensées au développement de leur seule Union ou de leur seul groupe.

C'est au développement de l'œuvre unioniste en France qui comprend toutes les Unions et tous les Groupes qu'il faut penser. C'est encore une fois au Comité National qu'il faut assurer les moyens de diriger et de développer cette œuvre.

Pour arriver à cette fin, je ferai, en terminant, trois vœux :

1° Que dans chaque Union il se forme un groupe d'entr'aide qui devra envoyer chaque année au Comité National sa contribution à l'œuvre générale.

2° Que les Comités directeurs de toutes Unions disposant de ressources particulières s'attachent à intensifier le rendement de tous leurs services de façon que ces Unions non seulement se suffisent à elles-mêmes, mais aussi apportent au Comité National la plus large contribution possible à l'œuvre générale.

3° Que chaque membre de la grande famille unioniste qui aura eu le privilège de réussir dans ses affaires, ait à cœur de contribuer, par un don au Comité National, le plus généreux possible, à la création d'un capital dont les intérêts viendront s'ajouter aux revenus susdits du Comité National.

Frères unionistes, levons-nous, la main dans la main, tous d'un même cœur, à l'aide du Comité National pour la gloire de Dieu.

Le Rapporteur : Pierre MONOD,
Trésorier du C. N.

RAPPORT DE LA COMMISSION DE GESTION

I. — Rapport moral

CHERS CAMARADES,

Votre Commission de gestion, après un examen attentif du Rapport présenté par le C. N., vous propose d'adresser vos chaleureuses félicitations et vos sincères remerciements à ceux qui, depuis août 1914, ont supporté tout le souci de la vie de nos U. C. J. G.

Au C. N. nos vives félicitations :

1. Pour son action pendant la guerre (ravitaillement moral et spirituel des soldats du front, soutien du moral de l'arrière) ;

2. Pour son action au lendemain de la guerre dans le but de regrouper les Unions ;

3. Pour sa belle œuvre de réorganisation d'après-guerre. A ce sujet, votre Commission de gestion sera votre interprète pour crier à notre cher camarade et ami d'Allens votre admiration et votre profonde reconnaissance. Toujours sur la brèche, il s'est dépensé sans compter. Qu'il sache que les Unionistes de France lui vouent une réelle, une étroite affection, et que cette affection lui fasse oublier la fatigue occasionnée par ses

nombreux voyages et par l'organisation de ce Congrès.

Nous proposons également que la Conférence manifeste sa gratitude à Mlle Viguier pour l'œuvre considérable et ignorée de beaucoup, qu'elle a accomplie avec un dévouement inlassable depuis 1914.

Félicitations à la Commission de rédaction de l'*Espérance*.

L'*Espérance* est devenue dès maintenant la revue intéressante que nous avons si souvent réclamée. Au cri poussé par d'Allens : « des abonnements », votre Commission de gestion répond: « des abonnements ». Unionistes, pensez à l'abonnement individuel.

Pensez aussi à l'effort financier qui s'impose, au recrutement, à l'avenir des secrétaires généraux. Prenez comme exemple l'effort accompli par le groupe de la Seine qui a trouvé 6.000 fr. en plus de ses cotisations habituelles et l'effort couronné de succès de l'U. C. de Bordeaux.

Préparez-vous, formez-vous par votre abonnement aux brochures à 72 pages de M. Dürlemann, mais nous demandons la publication complète et détaillée des sujets qui seront traités dans ces publications.

Quant aux relations internationales, nous vous proposons le vote de l'ordre du jour présenté par le camarade Sabliet.

II. — Rapport financier

Le rapporteur, après vérification des comptes, ne peut qu'approuver la gestion financière faite pendant la guerre avec méthode et ordre dans des circonstances particulièrement difficiles. Les comptes de 1919 et 1920 sont exacts également. Mais le rapporteur constate avec regret que les souscriptions des Unions au C. N. figurent pour une somme minime et souhaite qu'à l'avenir ce chiffre soit considérablement plus élevé.

La même constatation est à faire pour les souscriptions du public.

Dans les considérations dont il fait suivre son rapport financier, M. Monod esquisse tout un programme en vue du développement de nos Unions, programme reposant sur un nombre toujours plus grand de secrétaires généraux.

Il ne nous semble pas que notre Commission ait qualité pour étudier cette question et les conséquences financières qui forcément en découleraient dans l'avenir, soit pour le Comité National, soit pour les Unions elles-mêmes, notre rôle étant d'examiner la gestion passée du C. N. Néanmoins, nous sommes pleinement d'accord avec lui pour dire qu'il faut que notre œuvre grandisse et que l'organe central ait à sa disposition des ressources plus grandes, pour faire face à des besoins plus grands aussi.

Pour augmenter ces ressources, M. Monod propose 3 moyens ou, plutôt, formule trois vœux. Nous estimons qu'il serait nécessaire pour nos Associations de les examiner sérieusement en vue d'aboutir à un résultat réel ; mais naturellement il appartient à chaque Union de les adapter à son milieu, ou même d'employer d'autres moyens, mais il importe qu'un résultat soit obtenu et que l'effort soit continu.

Il nous semble aussi que les Unions pourraient et devraient augmenter le chiffre qu'elles versent par membre actif ; vraiment la somme de 1 fr. par Membre actif est bien minime et en attendant qu'elles aient étudié les vœux exprimés par M. Monod, elles pourraient commencer par verser au Comité national comme don pour l'œuvre une somme équivalente à ce qu'elles versent comme cotisation régulière.

Le rapporteur : E. PANTET.

PROPOSITIONS DE MODIFICATIONS
aux Règlements de l'Alliance Nationale

Nous reproduisons, ci-dessous, les propositions que le Comité National a présentées à la Conférence Nationale du Havre.

1° Proposition modifiant l'article II Paragraphe 1

TEXTE ACTUEL :	TEXTE PROPOSÉ :
« *Le Comité se compose :* « *D'une Commission Exécutive de 5 à 9 membres actifs résidant dans une même ville ou dans sa banlieue, que désigne la Conférence Nationale.* »	« *Le Comité se compose :* « *D'une Commission Exécutive de 12 à 15 membres actifs résidant dans une même ville ou dans sa banlieue et désignés par la Conférence Nationale.* »

Exposé des motifs

La Commission Exécutive estime nécessaire d'introduire dans son sein un plus grand nombre d'éléments jeunes en étroite liaison avec les Unions.

En même temps qu'elle réalise une de ses pensées les plus chères, elle est heureuse de répondre à un vœu de la Conférence régionale du Groupe de la Seine du 1er novembre 1916 et à des désirs exprimés de divers côtés.

Il n'est que juste que ceux qui, au cours de la guerre, ont, par leur héroïsme et leurs sacrifices quotidiens, contribué à sauver la France et l'humanité soient représentés dans la Commission Exécutive qui a la responsabilité du Mouvement Unioniste français.

Pour y arriver, il est nécessaire d'augmenter le nombre de ses membres et d'adjoindre des éléments nouveaux à des aînés qui, depuis de longues années, consacrent au mouvement unioniste leur temps et leurs forces.

Nous ajouterons qu'au moment où nous avons à réorganiser le mouvement unioniste français, à orienter son avenir et à prendre d'importantes décisions, il est bon d'appeler un plus grand nombre d'unionistes à participer aux travaux de la Commission Exécutive.

2° Proposition d'une addition à l'article II Paragraphe 3

(commençant par ces mots : « Les délégués de groupes sont nommés... »).

L'addition suivante est proposée à la fin du paragraphe :

« *Chaque groupe a droit à un délégué par 20 Unions ou fraction de ce nombre et à un délégué supplémentaire par fraction de 20 Unions.*

« *Les secrétaires généraux de groupe siègent aux séances plénières du Comité National avec voix consultative.* »

Exposé de motifs

Le nombre des Unions composant les différents groupes présente des écarts parfois considérables ; c'est ainsi que tel groupe compte 6 ou 7 Unions, tel autre 25, tel autre plus de 40.

Dans ces conditions il ne semble pas équitable que chacun de ces groupes ait le même nombre de délégués aux séances plénières du Comité national.

Il y aurait lieu d'adopter une représentation proportionnelle, correspondant davantage à la répartition actuelle de nos groupes régionaux et donnant plus de délégués aux groupes plus nombreux.

D'autre part, il est nécessaire que les secrétaires généraux de groupes, qui représentent dans les différentes régions de la France le Comité National et qui sont les techniciens et les leaders du mouvement, siègent aux séances plénières du Comité National pour y apporter leur initiative et le résultat de leurs expériences.

La Commission Exécutive propose l'adjonction de ces deux phrases aux règlements de l'Alliance, afin d'assurer la permanence de cette décision.

RAPPORT DE LA COMMISSION DU RÈGLEMENT

La Commission du Règlement ayant examiné :

1° La proposition modifiant le paragraphe 1 de l'article II ;

2° La proposition d'une addition à l'article II, paragraphe 3 ;

S'inspirant, *d'une part*, des tendances qui se sont révélées au Cours de la Conférence, estime qu'il serait excellent d'augmenter le nombre des Membres de la Commission Exécutive du Comité National, pour permettre ainsi l'admission dans son sein d'éléments nouveaux susceptibles d'apporter leur activité au service des travaux du C. N.

La Commission du Règlement estime, *d'autre part*, qu'il est normal de donner aux Groupes Régionaux une représentation proportionnelle au nombre de leurs Unions.

Il apparaît également désirable de donner aux Secrétaires Généraux des Groupes, très au courant des besoins des organismes qu'ils dirigent, voix consultative aux réunions plénières du C. N. Nul doute que cette collaboration plus étroite ne donne les meilleurs résultats.

En conséquence, la Commission du Règlement approuve les textes proposés et demande à la Conférence de se prononcer sur la rédaction de l'article II ainsi modifié.

Composition du Comité National

Le Comité se compose :

1° D'une Commission Exécutive de 12 à 15 membres actifs résidant dans une même ville ou dans sa banlieue, que désigne la Conférence Nationale.

La Commission Exécutive du Comité National est nommée tous les trois ans en séance plénière de la Conférence Nationale.

2° Des délégués des Groupes, nommés d'une Confé-

rence Nationale à l'autre par les Conférences de Groupe ou par les Comités de Groupe.

Chaque Groupe a droit à un délégué par 20 Unions ou fraction de ce nombre et à un délégué supplémentaire par fraction de 20 Unions.

Ces délégués n'entrent en fonctions qu'après la nomination de la nouvelle Commission Exécutive.

Ils doivent être membres des Comités de Groupe qu'ils représentent. En cas de vacances et en attendant la Conférence de Groupe suivante, l'intérim sera exercé par le Président du Groupe.

En cas de vacance dans la Commission Exécutive, par suite de décès, démission ou pour toute autre cause, le Comité National peut pourvoir lui-même au remplacement jusqu'à la prochaine Conférence Nationale.

La Commission Exécutive élit son Bureau, composé d'un Président, d'un Vice-Président, d'un Trésorier et d'un Secrétaire des Séances. Elle nomme également son ou ses Secrétaires Généraux qui peuvent être pris en dehors de son sein.

Le ou les Secrétaires Généraux du C. N. et les Secrétaires Généraux des Groupes assistent aux séances plénières du Comité National avec voix consultative.

Le Rapporteur : R. Dupuis.

RAPPORT DE LA COMMISSION DES VŒUX (1)

Après le culte de ce matin, la Commission des vœux ressent douloureusement l'insuffisance des formules pour résumer ce qui demeurera l'essentiel de cette 17e Conférence Nationale : la reconnaissance de nos cœurs pour le rapide relèvement de nos Unions ravagées par la guerre, l'appel à l'Union en Christ pour l'action et la conquête.

Quoi que nous décidions maintenant, c'est ce matin qu'ont été dites les paroles qui doivent rester pour nous le grand souvenir de notre Congrès.

(1) Les vœux en caractères gras sont ceux qui ont été votés.

La Commission des vœux s'est donc donné pour tâche modeste de recueillir les vœux déposés sur le bureau de la Conférence et de les soumettre à votre vote après les avoir classés et coordonnés.

Elle vous supplie une fois de plus de rester, pour les voter, dans l'esprit de charité fraternelle, de concession réciproque et de compréhension mutuelle dans lequel la Commission, composée des représentants de chaque groupe, les a elle-même discutés.

Ne nous laissons pas hypnotiser par des difficultés locales, par des solutions locales. Sachons nous élever aux vues d'ensemble ; donnons des directives, orientons, c'est l'objet même des rapports que nous avons entendus, et faisons confiance au zèle et au dévouement chrétien de chacun des responsables de nos mouvements locaux pour déterminer, dans l'infinie variété des méthodes d'application, celle qui convient dans chaque cas particulier.

QUESTION DES ÉCLAIREURS.

Afin d'éviter, autant que possible, le chevauchement des discussions, nous aborderons pour commencer la question des Eclaireurs.

Quatre vœux ont été déposés comme conclusion des rapports et des débats de ce matin.

Vœu présenté par Beigbeder :

I

« *La Conférence Nationale,*

« *constatant que, depuis son organisation en 1912, le Mouvement des Eclaireurs Unionistes s'est développé et étendu à des organisations autres que les Unions Chrétiennes de Jeunes Gens,*

« *estime qu'il n'est que juste d'offrir à ces autres organisations de participer à la direction du Mouvement, en envoyant des représentants au Comité National des Eclaireurs Unionistes.* »

II

« *La Conférence Nationale,*

« *constatant l'importance prise en France par les Eclaireurs Unionistes et la nécessité pour leur groupement d'avoir une existence propre, afin d'être sur un pied d'égalité avec les autres Associations d'Eclaireurs françaises ou étrangères,*

« *constatant que, dans la nouvelle organisation, les liens qui unissent localement les Troupes d'Unions Chrétiennes avec les Unions dont elles dépendent seront maintenus très étroits de façon à assurer le recrutement de celles-ci,*

« *heureuse de donner au Mouvement des Eclaireurs Unionistes qui, pendant la guerre, a manifesté un entrain et une vitalité remarquables, une marque de confiance,*

« *estime qu'il y a lieu de faire du Mouvement des Eclaireurs Unionistes une organisation spéciale, ayant son Comité National, comprenant, comme nous venons de le dire, des représentants des diverses associations fondatrices de Troupes.* »

Vœu présenté par M. Juteau :

« *La Conférence Nationale, constatant que le titre* « *d'Eclaireurs Unionistes est la propriété de l'Alliance* « *des Unions Chrétiennes de jeunes gens, sera néan-* « *moins heureuse de voir ce titre, qui rappelle un passé* « *dont les souvenirs nous sont chers à tous, et qui dési-* « *gne un présent plein de promesses, rester celui du* « *Mouvement, à condition qu'il soit toujours associé aux* « *principes stipulés dans les articles 2, 8 et 9 des* « *statuts.* »

Vœu présenté par M. Kiès :

« *Le soussigné, estimant que le Mouvement des Eclai-* « *reurs Unionistes est le fait des Unions Chrétiennes* « *et que le titre d'Eclaireur Unioniste appartient de* « *droit aux Unions Chrétiennes, demande que seuls* « *auront droit au titre de Chefs Eclaireurs Unionistes* « *les hommes ou jeunes gens qui seront ou deviendront* « *membres actifs des Unions Chrétiennes.* »

Vœu présenté par les représentants de l'U. de Belfort :

« *Qu'il soit entendu que les présents statuts procèdent* « *de la nécessité reconnue d'une organisation nationale* « *indépendante, mais que l'autonomie locale de la* « *troupe demeure absolue.*

« Ni les statuts, ni le règlement intérieur ne sauraient « y porter atteinte ; la troupe demeurera, comme par le « passé, sous le contrôle entier du groupement ou de « l'œuvre qui lui aura donné naissance. »

La Commission pleinement consciente de la gravité de sa responsabilité, et jugeant que la discussion qui s'est déroulée ce matin a permis à chacun de nous de se former, avec l'aide de Dieu, une opinion, s'est mise d'accord pour demander à la Conférence d'adopter le vœu suivant, où vous reconnaîtrez, avec de légères modifications, les vœux présentés par la Commission Nationale des Eclaireurs et par notre ami Juteau, condensés en une seule rédaction :

« La Conférence Nationale,

« constatant l'importance prise en France par le travail des Eclaireurs Unionistes, la nécessité pour leur groupement d'avoir une existence propre, afin d'être sur un pied d'égalité avec les autres associations françaises ou étrangères, et l'extension du Mouvement à des organisations autres que les Unions Chrétiennes de Jeunes Gens,

« estimant qu'il n'est que juste d'offrir à ces autres organisations de participer à la direction du Mouvement, en envoyant des représentants au Comité National des Eclaireurs Unionistes,

« constatant que, dans la nouvelle organisation, les liens qui unissent localement les Troupes d'Unions Chrétiennes avec les Unions dont elles dépendent seront maintenus,

« constatant, d'autre part, que le titre d'Eclaireurs Unionistes est la propriété de l'Alliance des Unions Chrétiennes de Jeunes Gens, prenant acte de la déclaration présentée comme préambule des statuts par le Conseil National des Chefs Eclaireurs,

« sera heureuse de voir ce titre, qui rappelle un passé dont les souvenirs nous sont chers à tous et qui désigne un présent plein de promesses, rester

celui du Mouvement, à condition qu'il soit toujours associé aux principes stipulés dans les articles 2, 8 et 9 des statuts proposés,

« heureuse de donner au Mouvement des Eclaireurs Unionistes qui, pendant et depuis la guerre, a manifesté un entrain et une vitalité remarquables, une marque de sa confiance,

« DÉCIDE qu'il y a lieu de faire du Mouvement des Eclaireurs Unionistes une organisation spéciale, comprenant des représentants des diverses associations fondatrices de troupes. »

Les autres vœux déposés sur le bureau de la Commission peuvent être groupés sous les rubriques suivantes :

ORIENTATION UNIONISTE.

Une impression nous a paru se dégager de notre Conférence, des communications d'un certain nombre de délégués : c'est que l'époque actuelle est, pour notre œuvre unioniste, un recommencement. Nous vous demandons, au début de cette période nouvelle de notre histoire unioniste, non pas de proclamer des choses nouvelles, mais de réaffirmer ce qui est le fondement même, le caractère propre et la raison d'être de nos associations.

La Commission vous soumet en conséquence le vœu suivant proposé par M. H. D'ALLENS, comme conclusion de son rapport :

« 1° Les Unions Chrétiennes de Jeunes Gens de France réunies en Conférence Nationale au Havre du 31 octobre au 2 novembre 1920, pour la première fois depuis la guerre,

« Rappelant avec l'article 2 de leurs statuts qu'elles sont fondées sur le principe de l'Alliance évangélique,

« Tiennent à proclamer solennellement leur profond attachement aux Eglises protestantes, berceau

de leur vie religieuse, et leur fidélité reconnaissante à l'esprit de la Réforme ;

« Préoccupées avant tout de la réalisation de l'idéal chrétien, elles affirment leur absolu respect et leur fraternelle affection pour tous ceux qui viennent à elles et dont l'évolution religieuse n'est de leur part l'objet d'aucune pression, mais se poursuit dans une atmosphère de pleine liberté. »

Messieurs, le rapport de M. d'Allens traitait un second point :

Il a été dit, plusieurs fois, que nos Unions devaient être françaises. Comment le seraient-elles sans se préoccuper de la vie nationale de notre démocratie ? Mais cette préoccupation, elles doivent l'avoir dans leur domaine et en la coulant dans le moule de leur programme.

Ce qui est notre but, c'est de former des caractères, c'est d'éveiller des consciences et de les rendre aptes à vivre intégralement leurs principes.

C'est dans ce sens que doit se poursuivre l'action civique des Unions. Nous proposons à la Conférence de le conseiller à nos associations en votant le vœu suivant :

« La Conférence Nationale invite les Unions Chrétiennes,

« Tout en maintenant scrupuleusement leur neutralité vis-à-vis de tous les partis politiques,

« A éveiller, dans la conscience de leurs membres, le sentiment de leur devoir civique et à leur donner, dans la forme et la mesure où elles le jugeront possible, conformément au principe chrétien : « Examinez toutes choses et retenez ce qui est bon », la formation nécessaire à l'action bonne à laquelle ils sont appelés dans le domaine de la vie publique. »

Enfin, notre Secrétaire général nous appelait à prendre conscience de notre devoir social immédiat. Pleinement d'accord avec lui, la Commission des vœux vous propose le texte suivant qui donnera satisfaction aux vœux déposés par MM. D'ALLENS et LÉO, et à la préoccupation formulée par M. VALLON dans une lettre adressée à la Conférence.

« La Conférence Nationale invite les Unions Chrétiennes,

« A comprendre toute l'importance de leur devoir social et à étudier en vue d'une réalisation immédiate et pratique les applications possibles dans leur localité.

« Elle émet, en particulier, le vœu que dans les principales villes de France, surtout dans celles où l'activité industrielle et commerciale ou le service militaire amène de nombreux jeunes gens, il se crée, sous les auspices de l'Union Chrétienne et de telle autre organisation analogue, un Foyer du jeune homme doté de tous les moyens nécessaires pour assurer le triple développement physique, intellectuel et religieux du jeune homme. »

ORGANISATION GÉNÉRALE DES ŒUVRES DE JEUNESSE.

Deux vœux ont été présentés.

L'un par MM. G. DIÉNY, F. DÜRRLEMAN, J. LAROCHE, E. MEYER, P. MONOD, Ad. MOSCHEROSCH, H. PERSSON :

« *La Conférence Nationale des Unions Chrétiennes de jeunes gens, réunie au Havre en 1920,*

« *Considérant que l'heure est grave et sans doute décisive et qu'il importe plus que jamais d'unir en un étroit faisceau toutes les forces de la jeunesse évangélique française, masculine et féminine,*

« *Considérant qu'actuellement nos divers mouvements de jeunesse suivent chacun sa voie sans qu'il y ait entre eux ni unité d'efforts, ni unité de vues, ni unité d'action,*

« *Considérant que cette méthode renouvelée du temps des Juges, compromet gravement les intérêts de l'évangélisation de la jeunesse,*

« *Considérant que des expériences ont déjà démontré les bienfaits d'une étroite collaboration,*

« Invite formellement le Comité National des Unions Chrétiennes de jeunes gens à entreprendre auprès des Comités nationaux des différents mouvements qui englobent la jeunesse évangélique française, des démarches en vue d'aboutir à la création d'une fédération nationale de ces œuvres, dirigée par un conseil supérieur de la jeunesse chrétienne, qui serait composé de représentants des divers Comités directeurs des mouvements fédérés. Le but de ce comité serait, tout en respectant rigoureusement l'indépendance de chaque mouvement, d'accorder l'action de tous, de donner des directives, et généralement de contribuer à unir tous les jeunes dans une même volonté de consécration, d'action et de conquête. »

L'autre par MM. J. Beigbeder, P. Klingebiel, A. Kressmann, Jacques Lafon, A. Léo :

« Le Congrès National du Havre,

« Constate qu'il y a actuellement en France trois mouvements parallèles :

Les Unions Chrétiennes,
Les Eclaireurs Unionistes,
Et la Fédération,

« Mais considérant d'une part qu'il est de toute urgence de créer entre les groupements locaux de ces trois mouvements une cohésion locale aussi étroite que possible,

« Considérant d'autre part qu'il ne saurait y avoir de règle générale valable pour tous les cas,

« Engage chaque Union locale à rechercher en accord avec la Fédération locale et le mouvement local des Eclaireurs la combinaison qui sera le mieux adaptée à leur situation particulière. »

Il nous a paru que le premier impliquait la mise en pratique du deuxième. Nous vous demanderons donc l'adoption du vœu Diény, en supprimant toutefois deux considérants qui nous ont paru un peu injustes pour certains de nos amis qui ont tenté déjà, souvent avec succès, des efforts dans ce sens.

« La Conférence Nationale des Unions Chrétiennes de jeunes gens réunie au Havre en 1920,

« Considérant que l'heure est grave et sans doute

décisive et qu'il importe, plus que jamais, d'unir en un étroit faisceau toutes les forces de la jeunesse évangélique française, masculine et féminine,

« Considérant que des expériences ont déjà démontré les bienfaits d'une étroite collaboration,

« Invite formellement le Comité National des Unions Chrétiennes de jeunes gens à entreprendre, auprès des Comités nationaux des différents mouvements qui englobent la jeunesse évangélique française, des démarches en vue d'aboutir à la création d'une Fédération Nationale de ces œuvres, dirigée par un Conseil supérieur de la jeunesse chrétienne, qui serait composé de représentants des divers Comités des Mouvements fédérés.

« Le but de ce Comité serait, tout en respectant rigoureusement l'indépendance de chaque mouvement, d'accorder l'action de tous, de donner des directives et, généralement, de contribuer à unir tous les jeunes dans une même volonté de consécration, d'action et de conquête.

MODIFICATION AUX RÈGLEMENTS.

La Conférence a reçu sur ce sujet une série de vœux.

Le premier, proposé par l'Union de ROUEN-FRATERNITÉ :

« *La Conférence Nationale du Havre,*

« *En présence des expériences nouvelles faites après la guerre par les Unions Chrétiennes de jeunes gens qui voudraient reprendre vie et cherchent une raison d'être,*

« *Constate qu'il est urgent de donner aux Unions Chrétiennes de France un mot d'ordre de combat.*

« *Elle salue avec respect, comme on salue un drapeau déchiqueté par la mitraille, la confession de foi des Unions Chrétiennes de jeunes gens, rédigée en 1855 et qui reste pour elle le témoin d'un glorieux passé,*

« *Mais elle considère qu'à l'heure actuelle il importe plus de mettre en pratique la vie chrétienne que de formuler avec exactitude la foi chrétienne ;*

« *Elle propose donc ce mot d'ordre :*

« Tous debout pour la victoire du Christ »,

« *Et pour que chaque Union devienne un* groupe *de* militants, *qui s'engagent résolument au service du Christ, elle invite les Unions Chrétiennes à insister dans leurs engagements de membres actifs sur* la mise en pratique journalière de la vie chrétienne.

« *Le formulaire adopté en assemblée générale sera valable dès qu'il aura reçu le visa du Comité régional et celui du Comité National.* »

La Commission demande à la Conférence de substituer à ce vœu le suivant qui contient en lui-même l'exposé des motifs nécessaires :

« La Conférence, saisie d'un vœu aboutissant à modifier les conditions actuelles d'admission des membres actifs,

« estime qu'il s'agit non pas d'une simple question d'orientation, mais d'une modification du statut fondamental de l'Alliance qui, conformément à l'article 5 des règlements, ne peut être porté à l'ordre du jour de la présente conférence ;

« Rappelant les décisions prises à ce sujet à Nantes, en 1912,

« Reconnaissant cependant que la guerre peut avoir révélé des besoins nouveaux,

« Invite le Comité National à procéder aux enquêtes nécessaires et à porter, s'il y a lieu, la question à l'ordre du jour de la prochaine Conférence Nationale. »

Trois autres vœux aboutissent également à des modifications de règlements : proposés par M. Kiès.

« A l'avenir tous les membres du Comité National et les Secrétaires généraux d'Unions Chrétiennes en particulier pourront faire partie de droit et avec voix délibérative, c'est-à-dire comme délégués officiels, des Conférences Nationales. »

« La Conférence Nationale invite le Comité National à dresser le statut des Secrétaires généraux en accordant à ceux-ci dans leurs Comités respectifs voix délibérative au même titre que tout Unioniste ou membre actif d'Union Chrétienne. »

« La Conférence Nationale charge le Comité National d'examiner comment il pourra rattacher directement à l'Alliance des Unions Chrétiennes les Unionistes isolés ou les jeunes gens isolés susceptibles de souscrire au programme et aux principes des Unions Chrétiennes en tant que membres actifs ou même membres associés afin d'assurer une propagande et un recrutement plus intensifs et de faciliter la création de sections cadettes, de troupes d'Eclaireurs unionistes ou de groupes sportifs qui donneront naissance à des Unions Chrétiennes. »

La Commission, favorablement disposée pour les principes énoncés, demande à la Conférence de les prendre en considération et de les renvoyer, conformément à l'article 5 des règlements, au Comité National en vue d'étude et de mise à l'ordre du jour de la prochaine conférence nationale.

Enfin, la Commission, applaudissant pleinement à ce dernier vœu et regrettant de ne pouvoir vous en demander le vote immédiat, vous propose de même la prise en considération pour l'ordre du jour de la prochaine Conférence du vœu suivant qui pourrait d'ici là recevoir, de la part des Unions, une application volontaire.

« La Conférence Nationale, considérant l'insuffisance des ressources mises à la disposition du Comité National par les Unions, décide que celles-ci devront verser au Comité National une cotisation annuelle non inférieure à trois francs par membre actif ou associé. »

DIVERS.

La Commission propose à la Conférence, sans avoir besoin de le justifier, le vœu suivant déposé par les délégués de l'Union de Lyon, MM. BANCILHON, DIANOUX, NOIRCLERC, B. PERRIER.

« La Conférence décide que le texte de la réponse du Comité National français à la lettre du Comité National finlandais sera traduit et adressé à la Fédération nationale des Unions des pays alliés et neutres.

« Les frais de cette impression seront couverts par une collecte spéciale faite dans les Unions françaises. »

Le rapporteur : **L. LORTIE.**

ASSEMBLÉE GÉNÉRALE

DE LA

CAISSE DE DOTATION UNIONISTE

Elle s'est tenue le 31 octobre et a décidé de poursuivre vigoureusement sa marche en avant. On a rendu justice au travail persévérant pendant la guerre de son trésorier, M. Jacques Adrion, qui continue à tenir admirablement au courant la comptabilité et a bien voulu promettre encore son concours.

L'actif actuel est de 18.000 francs environ.

On a décidé de demander à une nouvelle assemblée générale, qui se tiendra en janvier, de doubler la cotisation mensuelle de chaque part et de la porter ainsi à deux francs et de tripler le nombre maximum de parts, ce qui porterait ce maximum à 15 au lieu de 5 ; étant donné la diminution énorme de la valeur de l'argent, chacun comprendra l'urgence de ces changements. Les participants actuels pourront se mettre en règle à ce sujet dès le 1er janvier prochain.

L'intérêt alloué au capital sera porté de 5 à 6 % pour 1920.

Nous adressons un chaleureux appel aux Comités de groupe et aux Unions pour faire une intense propagande auprès de leurs membres en vue de s'assurer et surtout d'assurer leurs enfants dès leur naissance, afin que la durée de la cotisation garantisse à l'intéressé une dot suffisante au moment de son établissement.

Au taux actuel des cotisations, celui qui aura pris une part pendant dix ans aura versé 120 francs et il touchera au moins 150 francs.

Celui qui aura pris une part pendant vingt ans aura versé 240 francs et touchera au moins 370 fr.

Sans compter une part proportionnelle aux bénéfices qui proviennent des dons faits à la société ou des recettes extraordinaires.

Tous les ménages unionistes devraient donc inscrire d'urgence *leurs enfants* à la Caisse de dotation unioniste.

Tous les unionistes de moins de vingt ans devraient s'inscrire aussi sans tarder.

Roger Merlin,

Président de la Caisse de Dotation,
Membre du C. N.

PROCÈS-VERBAUX DES SÉANCES

Séance d'ouverture du 31 octobre, à 9 heures

La séance est ouverte à 9 heures, sous la présidence de M. de Pourtalès, président du Comité National.

Le président demande à M. Diény (Groupe du Nord) de placer les travaux du Congrès sous le regard de Dieu par une prière.

La parole est donnée à M. Robert Lafaurie, président de l'Union du Havre, qui souhaite la plus cordiale bienvenue aux membres du Comité National et à tous les délégués.

M. de Pourtalès remercie l'Union du Havre et son président de leur accueil si chaud et si cordial, et fait une courte allocution où il rappelle les tristes événements qui se sont produits au sein du Comité National, pendant la période de guerre (*voir page 21*).

La parole est donnée à M. d'Allens, Secrétaire Général du Comité National, pour l'appel des délégués qui se lèvent à l'appel de leurs noms.

M. de Pourtalès indique que son rôle de président est terminé et demande à l'assemblée de nommer par acclamations le bureau de la Conférence.

Lecture est faite des noms proposés :

Président : M. Robert Lafaurie.

Vice-Présidents : MM. Terrier et Bricout.

Chef du Secrétariat : M. Marcel Perrier.

Secrétaires : MM. Vuillequez, Dianoux, Henri Meyer et Klingebiel.

L'assemblée approuve cette formation du bureau et acclame les membres désignés.

M. Robert Lafaurie occupe le fauteuil de la présidence et prononce quelques paroles de remerciements.

M. de Pourtalès donne lecture d'une lettre de M. Galtier, de Paris, qui ne pouvant pas assister à la Conférence, tient à s'y associer par les paroles : « Mes petits enfants, aimez-vous les uns les autres. »

L'assemblée applaudit et M. Robert Lafaurie demande que réponse soit faite à cette touchante pensée. Le secrétariat est chargé de ce message.

Les délégations devant désigner leurs délégués pour la

constitution des Commissions, une suspension de séance de 10 minutes est accordée pour ces nominations.

M. d'Allens donne lecture de la formation des Commissions *(voir page 15)*.

La séance est levée à 10 h. 15.

Réunion du 31 octobre après-midi

La séance est ouverte à 14 h. 30, sous la présidence de M. Robert Lafaurie, assisté de MM. Bricout, Terrier et d'Allens.

Lecture est faite du précédent procès-verbal qui est adopté après demande de rectification de MM. Diény et de Pourtalès.

M. Escande est nommé secrétaire en remplacement de M. Klingebiel qui s'est récusé.

ALLOCUTION DU PRÉSIDENT

M. Robert Lafaurie prononce une allocution dont on trouvera des extraits page 24 et suivantes.

Lorsque l'orateur rappelle la mémoire des 850 unionistes tombés au champ d'honneur, l'assemblée se lève pour les honorer.

ADMISSION AU SEIN DE L'ALLIANCE DES UNIONS DU GROUPE D'ALSACE-LORRAINE

On trouvera page 31 un compte rendu détaillé de cette réception solennelle et des extraits des allocutions prononcées par MM. Lafaurie, de Pourtalès, Teutsch et Jost.

RAPPORT DU COMITÉ NATIONAL

M. d'Allens donne lecture du rapport général.

Ce rapport est renvoyé à la Commission d'examen de gestion après les remerciements du président à M. d'Allens.

M. Pierre Monod donne lecture du rapport financier en l'accompagnant de quelques commentaires terminés par un vibrant appel en faveur d'un effort pour donner au C. N. un budget suffisant. Il les résume en ces trois vœux :

que dans chaque Union il se forme un groupe d'entr'aide ;

que les Comités Directeurs intensifient le rendement de l'Union ;

que dans chaque Union, chaque membre unioniste ayant réussi dans ses affaires fasse un don au C. N. pour constituer un fonds de réserve.

Le Président remercie M. Monod pour son rapport qui est renvoyé à la Commission de gestion.

RENVOI DES PROPOSITIONS DE MODIFICATIONS AUX RÈGLEMENTS A LA COMMISSSION DU RÈGLEMENT

Modification à l'article 2, § 1, au sujet du changement dans la composition de la commission exécutive du C. N.

Addition à l'article 2, § 3, au sujet du nombre des délégués des groupes proportionnel au nombre d'Unions dans chaque groupe.

Le président remercie un délégué officiel anonyme qui fait don aux délégués d'une brochure : « Pensées de Williamson. »

Remerciements à M. Dürrleman pour sa prédication du matin.

M. Diény, au nom du Comité de groupe des Unions du Nord, remercie pour l'aide apportée à ces Unions par les Unions de toute la France, aide matérielle et aide morale ; il remercie en particulier le groupe d'entr'aide de l'Union de Paris et M. Boutitie.

M. Terrier demande que l'on envoie une délégation qui déposerait une palme aux monuments de morts pour remercier non seulement les Unionistes, mais aussi tous ceux qui sont tombés ; cette manifestation ferait connaître aussi notre Conférence à la population havraise.

M. Noirclerc demande que l'on fasse une collecte immédiate dans la salle ; cette proposition est adoptée.

M. Diény demande qu'une inscription soit mise précisant que la palme vient de la Conférence.

On décidera demain matin la façon dont sera faite la manifestation.

La séance est levée à 4 h. 30.

Deuxième Journée. — Lundi 1er novembre 1920

La 2e journée du Congrès est ouverte à 8 h. 45 par une réunion de prières présidée par M. le pasteur J. Lafon du Havre.

Prenant pour texte ces paroles du récit de la transfiguration : « Ils ne virent plus que Jésus seul », M. Lafon convie le Congrès à monter vers l'adoration avant de descendre vers l'action.

Une vivante réunion de prières fait suite à ces vibrantes exhortations.

A la demande de M. Schneider, Secrétaire général de l'U. de Nimes, une réunion de prières groupera l'après-midi vers 3 h. quelques amis pressés de placer à nouveau les travaux de la Conférence sous l'inspiration de l'esprit du Christ.

La séance privée est ensuite ouverte à 9 h. 30 sous la présidence de M. Bricout, de Quiévy.

Le procès-verbal de la séance précédente est lu et adopté.

M. d'Allens tenant à compléter les renseignements donnés au sujet de l'attitude du C. N. dans les relations internationales demande à M. le Professeur Raoul Allier d'exposer la campagne menée systématiquement contre la France dans les Unions de l'Alliance Universelle sous l'inspiration de Berlin.

Lecture est donnée par M. Allier d'une lettre du C. N. des Unions de Finlande protestant contre la conduite des troupes noires dans les pays rhénans.

Dans sa réponse le C. N. de France donne le résultat de son enquête, qui, documents à l'appui, lave de toute accusation nos troupes noires. Puis, élargissant le débat, il se réjouit de voir les neutres se départir d'une neutralité indifférente et invite le C. N. des Unions de Finlande à poursuivre une enquête sur les origines et les responsabilités de la guerre, sur la violation de la neutralité de la Belgique, et celle des droits des gens, sur les atrocités allemandes, appuyant son réquisitoire de documents écrasants pour l'Allemagne.

A la demande de M. Bonnamaux, la traduction de cette lettre en langue finlandaise sera faite en France afin d'éviter que le texte en soit altéré (1).

NOTRE ORIENTATION

La parole est donnée à M. d'Allens pour son rapport qu'on trouvera page 99.

Après lui prennent la parole :

M. A. Meyer au nom des *vétérans (voir page 108).*

M. Terrier au nom des *anciens combattants (voir page 111).*

M. Breittmayer, Chef Eclaireur de Bordeaux, au nom des jeunes *(voir page 115).*

(1) Le C. N. a publié cette lettre en brochure (textes français, anglais et allemand) sous ce titre : *« Par la Fraternité vers la Vérité ».*

DISCUSSION DES RAPPORTS

Pleinement d'accord avec le rapporteur du C. N., M. Kiès, Secrétaire général du Groupe de la Seine, rend hommage aux vétérans, mais déplore de ne pas voir étudiants et lycéens s'enrôler davantage sous la bannière de l'Alliance des U. C., et réaliser cette pénétration des classes qui manque tant au protestantisme français.

M. Schneider, S. G. de Nimes, approuvant le programme des jeunes, déplore les expériences faites à Marseille et renouvelées à Nimes, où le mot de spécialisation signifie plutôt séparation. Il prononce un vibrant appel à l'Union de tous : bourgeois, intellectuels, ouvriers, évoquant l'exemple des vétérans unionistes.

M. Leberre, de l'U. de Paris-Grenelle, se fait l'interprète des milieux ouvriers et révolutionnaires, auxquels les U. apparaissent trop conservatrices. Il réclame la fondation d'un journal, organe des camelots unionistes.

M. Ch. Bonnamaux, de Paris-Central, met en garde les unionistes contre le danger de réveiller les divisions d'avant-guerre. S'élevant au-dessus des questions individuelles, ayant la pleine vision de l'héritage de nos morts, nous devons porter en avant le flambeau qu'ils nous ont transmis, avec l'aide des jeunes auxquels nous ferons confiance.

L'heure tardive oblige l'assemblée à renvoyer à l'après-midi la suite de la discussion du programme unioniste d'après-guerre.

La séance est levée à midi 15.

Séance Publique du 1er novembre à 17 heures

DE LA PAROLE A L'ACTION

La séance est ouverte sous la présidence de M. Ahier, de Paris, qui présente le conférencier, M. le pasteur Léo.

On trouvera la conférence de M. Léo, page 122.

Après lui prennent la parole :

M. le pasteur J. Laroche sur « Ce qui a été fait dans le Groupe de la Seine » *(voir page 124)*.

et M. Sabliet, de Nimes, sur « Ce qu'on peut faire en province » *(voir page 126)*.

Le Président, en remerciant les orateurs, remarque que leurs conseils concourent à établir que la formation nécessite un travail persévérant et opiniâtre.

Le jeune homme, bien qu'il soit absorbé par ses études, doit trouver des loisirs pour étudier toutes les questions unionistes, pour arriver à être son maître, se vaincre et mettre tout ce qu'il possède au service des autres.

Enfin, par un vibrant appel aux parents des unionistes du Havre, le Président les engage à consentir tous les sacrifices nécessaires, pour arriver à former des hommes.

La séance est levée à 18 heures.

Séance Privée. — 1er novembre 1920

Une 2e séance pour la discussion du rapport d'Allens est ouverte à 18 h. 10, sous la présidence de M. Bricout.

Le procès-verbal de la séance du matin est lu et adopté après rectification demandée par M. Kiès.

La parole est donnée à M. Teutsch qui invite la prochaine Conférence Nationale à Strasbourg, et offre un souvenir du présent congrès au Comité National.

M. d'Allens propose de diviser les questions en ce qui concerne la discussion des rapports du matin.

M. Kressmann, de Bordeaux, rappelle l'insigne unioniste et demande que chacun puisse travailler dans sa sphère. La solution adoptée par l'U. de Bordeaux est le Foyer, centre d'action. Il existe un comité d'affaires, de gestion, élu par les membres actifs ayant moins de 45 ans, chaque groupe conservant son autonomie.

Un ordre du jour proposé par M. Lafon, de Rouen-Fraternité, est renvoyé à la Commission des Vœux.

M. Ahier dit qu'il approuve le rapport Breittmayer, mais il en attend la réalisation. Chacun doit se perfectionner, les étudiants doivent venir dans les Unions pour s'y faire du bien.

M. Schneider présente des excuses au Congrès, ayant appris que sa parole a dépassé sa pensée. Il voudrait que dans l'avenir il ne soit plus question de dissensions.

M. Terrier demande que la collaboration entre toutes nos œuvres soit plus étroite.

M. Escande dit qu'à Bordeaux, avant la guerre, cette collaboration n'avait pas existé, mais actuellement, la nouvelle orientation a supprimé toute difficulté, aussi engage-t-il à suivre l'exemple de cette Union.

Le Président donne lecture d'un ordre du jour signé de MM. Moscherosch, Diény et Meyer.

Egalement un ordre du jour proposé par Rouen-Fraternité est suivi d'explications données par M. Lafon.

M. Guillon dit qu'on s'est beaucoup occupé des Unions des villes, mais pas assez de celles de la campagne et des paysans.

M. Vassaux propose une addition au vœu Rouen-Fraternité en ces termes : « Tous debout pour Christ et France. »

M. Schneider demande si l'acceptation du mot d'ordre proposé implique une nouvelle direction. « Nous devons former des hommes » et l'orateur demande comment former ces jeunes hommes qui devront aller à la conquête de leurs frères.

M. Sabliet rappelle que les erreurs reconnues jusqu'à présent, ne viennent pas des méthodes, mais bien des hommes chargés de les appliquer.

M. Mahy, délégué belge, indique que les unionistes doivent être unionistes dans toute la force du terme, partout, et dans tous les domaines.

La séance est levée à 19 h. 15.

Troisième journée. — Mardi 2 novembre 1920
Séance privée

La séance est ouverte à 10 heures, sous la présidence de M. Terrier.

Le procès-verbal de la précédente séance est lu et adopté.

M. Terrier remercie les orateurs de la conférence de lundi après-midi : MM. Léo, Laroche, Sabliet et le président, M. Ahier.

Il remercie également M. Lauga pour son émouvante et bienfaisante méditation (1).

La parole est donnée à M. Beigbeder, Commissaire National des E. U., pour son rapport sur l'organisation du Mouvement des Eclaireurs unionistes. (Voir son rapport, page 129).

Le président remercie ceux qui ont contribué pendant la guerre au développement des E. U. : MM. Diény, Bonnamaux et en particulier Beigbeder.

Puis il montre la gravité des débats qui vont s'ouvrir et demande de leur donner un ton élevé, écouter dans le calme, s'abstenir de mouvements de séance, éviter les applaudissements, en tous cas continuer à se consacrer au service de Christ.

(1) Publiée par le C. N. en brochure séparée sous ce titre : « *Evocation sacrée* », au prix de 0 fr. 80 (franco : 0 fr. 85).

M. Juteau demande avant tout l'amour et la confiance mutuels.

Il précise la situation particulière du Nord-Est où la majorité des éclaireurs sont catholiques. On ne peut pas les [illegible] et d'un autre côté on ne peut pas les obliger à s'af[illegible] l'Union. D'ailleurs le but de l'œuvre n'est pas uniquement l'U. C. cela reviendrait à dire : hors de l'U. pas de salut, le but c'est Jésus-Christ.

Il dépose un vœu par lequel le titre d'éclaireur unioniste pourrait être retiré au Mouvement s'il n'en restait pas digne.

M. Schneider lit d'abord : Ps. 127, versets 1 et 2, et I Cor. III, versets 10 à 15, et déclare qu'il renonce à apporter les conclusions qu'il avait d'abord formulées et en présence de la gravité des décisions à prendre s'incline devant l'Esprit de Dieu pour le laisser décider.

M. Sabliet lit une déclaration des délégués du Groupe du Gard et Midi qui n'obéiront pas au mandat impératif de leur Groupe pour laisser l'Esprit de Dieu donner son mot d'ordre.

M. Diény remercie Schneider et Sabliet du terrain où ils se sont placés, déclare que les Chefs Eclaireurs partisans de l'autonomie veulent se mettre sur le même terrain pour que la conclusion du débat soit la décision de rester plus fraternellement unis. Il demande également qu'il soit évité de prononcer le nom de nos morts afin d'éviter de les faire parler sans savoir ce qu'ils diraient s'ils pouvaient le faire.

M. Ahier constate les améliorations apportées au texte primitif des statuts, fait ses réserves au sujet de l'art. 8 et demande qu'on ajoute au 2e paragraphe que le chef soit membre actif d'Union ou signe l'art. 1er des statuts de l'Alliance Française, pour éviter d'avoir des chefs catholiques.

M. le doyen Raoul Allier ne veut pas entrer dans le débat, mais il fait constater que dans son acte constitutif la Fédération des Etudiants admet comme membres ceux qui signent la base de Paris qui n'a rien de protestant.

M. Kiès constate d'abord que la question capitale de notre conférence est celle de l'orientation des U. C. et non celle des E. U.

Il précise que le Mouvement des E. U., autonome ou non, doit rester filial de l'U. C., en conséquence les chefs éclaireurs doivent devenir membres actifs de l'U. Il dépose un vœu dans ce sens.

M. Bonnamaux déclare qu'il est devenu autonomiste en constatant l'esprit des jeunes qui veulent étendre leur action, leur soif d'union sacrée, d'action intense et de discipline. Il faut éviter les causes de division et profiter de l'occasion unique qui se présente d'associer tous les protestants à la direction d'un Mouvement remarquable en ouvrant les bras à tous ceux qui veulent travailler.

M. Guillon remercie les membres du Congrès pour l'esprit qu'ils ont apporté et en particulier les éclaireurs qui veulent prendre part à l'évangélisation : « nous avons confiance en eux, qu'ils ne déçoivent pas cette confiance. »

M. Laroche donne des explications sur les vœux déposés à la Commission des vœux et sur les art. 8, 16 et 32 des statuts. Il précise que s'il existe une troupe d'Union elle ne peut se déclarer indépendante de son Union.

M. d'Allens précise l'attitude du C. N. qui fait pleine confiance aux éclaireurs et qui accepte le projet de statuts parce qu'il y a vu une solution juste à une situation de fait et trouve les garanties nécessaires et suffisantes tant au point de vue religieux qu'au point de vue unioniste.

Il remercie en outre l'Assemblée pour cette séance qui a fait du bien à tous.

M. Bonnamaux attire l'attention sur le fait qu'obliger les chefs à être membres actifs, c'est retirer d'une main ce qu'on donne de l'autre car il se formera des troupes d'églises, de fraternités et on aura toujours le spectacle de petites chapelles.

M. Beigbeder fait remarquer que l'art. 8 manifeste un sentiment de reconnaissance envers la Fédération qui fournit 1/3 des chefs et grâce à laquelle les troupes unionistes ont pu vivre. Il demande qu'on ne sépare pas les garanties religieuses des garanties techniques.

Le président lit un vœu déposé par les délégués de Belfort demandant que les troupes d'Unions restent attachées à l'Union.

M. G. Lauga conseille de s'abonner au *Christianisme Social* en tant qu'Union ou troupes d'Eclaireurs.

La séance est levée à midi trente.

Troisième journée. — 2 novembre 1920

La séance est ouverte à 15 heures sous la présidence de M. Robert Lafaurie.

Le procès-verbal de la précédente séance est lu et adopté.

Le président donne lecture de correspondances et télégrammes reçus.

M. Beigbeder donne des indications pour l'excursion du lendemain à Tocqueville-en-Caux.

Le président donne la parole à M. Dupuis, du Havre, rapporteur de la *Commission du règlement* (*voir ce rapport, page 68*).

Le vote de l'Assemblée confirme les conclusions de la Commission.

La parole est donnée à M. Pantet, rapporteur de la *Commission de gestion* (*voir ce rapport, page 63*).

La Commission propose des félicitations à la C. E. du C. N. et notamment à : M. d'Allens (*applaudissements*), à Mlle Viguier (*applaudissements*) et au Comité de l'*Espérance*. Relativement aux relations internationales la Commission propose le vote de l'ordre du jour présenté par M. Sabliet. Adopté.

La Commission demande l'envoi en français de la réponse de M. Raoul Allier à toutes les nations représentées au Comité Universel.

En ce qui concerne les conclusions du rapport financier du C. N. la Commission propose l'adoption des vœux du trésorier M. Monod.

Le président ajoute à l'adoption de ces vœux les félicitations du Congrès à M. Monod pour la compétence et le dévouement avec lesquels il a su administrer les finances du C. N.

M. d'Allens donne quelques renseignements en ce qui concerne :

1° La photographie des membres de la Conférence.

2° Le compte rendu du Congrès qui sera édité au prix de 4 à 5 francs environ.

Il demande aux congressistes d'y souscrire en grand nombre.

M. Terrier propose des félicitations et des remerciements à M. et Mme Robert Lafaurie pour leur excellente réception de la veille (*Triple ban*).

M. Geisendorf remercie le Congrès de l'esprit dans lequel se sont déroulées les séances. Il annonce que le camp du Sentier reprendra l'été prochain, et il y invite le plus grand nombre possible de participants. Il indique le journal « La Sphère » comme devant être un instrument d'interpénétration.

Avant de suspendre la séance pour le thé, l'assemblée

chante le cantique 230. La séance reprend à 16 h. 30 par le chant du cantique 129.

La parole est donnée à M. Lortie, rapporteur de la *Commission des vœux (voir ce rapport, page 69).*

DISCUSSION :

1° *Mouvement des Eclaireurs.* — 5 vœux ont été déposés :

a) Vœu Beigbeder (au sujet de la représentation proportionnelle des groupes) ;

b) Vœu Beigbeder (au sujet de l'autonomie du mouvement des éclaireurs) ;

c) Vœu Juteau (au sujet des garanties données au titre d'E. U) ;

d) Vœu Union de Belfort (additif réclamant l'autonomie locale des groupes) ;

e) Kiès (que tout chef-éclaireur soit membre actif d'U. C.)

La Commission, écartant le vœu Kiès, propose un vœu qui est la condensation des vœux *b, c, d,* en une formule unique.

M. Kiès déclare souscrire au vœu de la Commission à condition d'ajouter comme additif la formule qu'il propose.

M. Sabliet fait connaître à l'Assemblée que le Groupe du Gard et Midi a décidé de s'abstenir de voter et demande l'inscription au procès-verbal de sa déclaration.

Au nom des délégués du Nord, M. Diény fera confiance aux jeunes, et considérant que ce projet n'implique pas l'autonomie locale des troupes d'éclaireurs, adhère joyeusement au vœu de la Commission.

M. Laroche fait observer que le vœu Kiès contredisant l'art. 8 du nouveau règlement des E. U. ne peut être un additif, mais s'oppose au vœu de la Commission.

Après intervention de M. Raoul Allier qui appuie l'observation de M. Laroche, le président met aux voix l'adoption du vœu Kiès.

M. Sabliet prend la parole pour une motion d'ordre, il faut donner aux votants le droit d'expliquer leur vote.

Motion adoptée par 47 voix contre 26.

M. Maes, de Sin-le-Noble, explique que malgré la situation spéciale du groupe d'éclaireurs de Sin il votera contre le vœu Kiès.

M. Schneider invite les délégués à placer leur décision sous le regard de Dieu, car il y va de l'orientation toute entière des Unions. Il demande qu'en raison de la gravité des décisions à prendre on s'abstienne d'applaudissements et de conversations particulières.

Le vœu Kiès est repoussé par 70 voix contre 24.

Le vœu de la Commission est adopté par 79 voix contre 1. Abstenus : 19 (déclarés).

Un délégué fait rectifier son vote et déclare qu'il a voulu voter pour.

Le résultat modifié est donc :

Pour : 80.

Contre : 0.

Abstenus déclarés : 19.

M. Teutsch déclare s'être abstenu de voter, ne connaissant pas suffisamment la question pour la juger en connaissance de cause.

M. Bonnamaux demande qu'il soit donné lecture d'une déclaration des chefs-éclaireurs unionistes présents et invite ceux d'entre eux qui seraient décidés à prendre l'engagement de servir fidèlement les U. C. à s'avancer à la tribune.

C'est avec une poignante émotion que les délégués écoutent la déclaration lue par M. Guérin-Desjardins entouré de tous les chefs-éclaireurs unionistes.

Par le chant du cantique : « Jusqu'à la mort », l'Assemblée toute entière debout scelle étroitement l'union de tous, jeunes et anciens, fraternellement unis pour faire serment de fidélité au Christ Sauveur.

2° *Orientation unioniste.* — Le rapporteur indique que l'époque actuelle est un recommencement, il faut réaffirmer nos principes.

La Commission présente 3 vœux :

a) Vœu d'Allens, déposé par le S. G. du C. N. comme conclusion de son rapport.

Adopté à l'unanimité, moins une voix, celle de M. Leberre, qui s'abstient voulant réagir contre une tendance, qu'il croit discerner, à sympathiser non seulement avec des chrétiens catholiques, mais avec le catholicisme.

b) Vœu de la Commission sur le devoir civique des Unions.

Adopté à l'unanimité.

c) Vœu d'Allens-Léo, appuyé par un message de M. Vallon, de Valence (lettre jointe), sur la nécessité de créer partout où se sera possible, particulièrement dans les villes de garnisons, des Foyers.

Adopté à l'unanimité.

3° *Organisation générale des œuvres de jeunesse.*

La commission présente 2 vœux :

a) Vœu Moscherosch-Diény-Laroche, invite le C. N. à entreprendre la création d'une fédération des œuvres de jeunesse protestante avec comité central qui en coordonnera l'action.

b) Vœu Klingebiel-Beigbeder-Lafon-Kressmann, demandant qu'unionistes et membres de la Fédération collaborent de la façon la plus étroite en cherchant la combinaison spéciale la plus adéquate à chaque situation particulière.

M. Lafon explique que ce dernier vœu exprime les mêmes tendances que le premier, mais en opérant les rapprochements locaux, au lieu de les commencer par les comités directeurs.

Il retire son vœu puisqu'il est impliqué dans le premier.

M. Kressmann appuie cette déclaration, les décisions déjà prises par la Conférence témoignant des efforts tentés pour fédérer toutes les œuvres de jeunesse.

Le premier vœu Moscherosch est adopté à l'unanimité.

4° *Série de vœux apportant des projets de modification au règlement de l'Alliance ;* cette modification (art. 2, § 3) est adoptée.

5° *Divers.*

a) Vœu de Rouen-Fraternité, proposant de donner aux Unions ce mot d'ordre de combat : « Tous debout pour la victoire du Christ ». Plus adapté aux besoins des jeunes que l'ancienne formule.

La commission lui substitue un autre vœu, plus conforme au règlement, invitant le C. N. à procéder à une enquête nécessaire pour porter la question de l'admission des membres actifs à l'ordre du jour de la prochaine Conférence Nationale. Ce vœu est adopté à l'unanimité.

b) Trois vœux de M. Kiès tendant :

Le premier, à accorder droit délibératif aux S. G. de Groupe dans les conférences plénières du C. N.

Le deuxième, à fixer le statut des S. G.

Le troisième, à établir un mode de rattachement à une Union des unionistes isolés.

La commission, très favorable aux principes énoncés, mais ne pouvant aller contre les règlements, propose de les soumettre à la prochaine Conférence Nationale.

A la demande de M. Vassaux, ils figureront en tête du programme de la prochaine Conférence, pour pouvoir être appliqués au cours de cette Conférence.

Projet adopté.

M. Schneider fait observer que l'adoption de ce projet dépasse la compétence de la Conférence qui ne peut modifier les statuts des S. G. dont elle n'a jamais été saisie, mais qu'elle est en droit d'accorder aux S. G. de Groupe voix consultative aux séances plénières du C. N.

M. Bonnamaux demande à la Conférence d'exprimer sa confiance aux S. G. en votant cette extension de leurs droits.

M. Terrier, après avoir rendu hommage à l'activité inlassable des S. G. et leur avoir exprimé la vive reconnaissance de toutes les Unions, propose :

1° D'accorder voix consultative aux S. G. de groupe dans les séances plénières du C. N.

2° De renvoyer à l'étude au C. N. la question de modification des statuts des S. G.

La Commission des vœux transmet également un vœu qui lui a été soumis de mettre à l'ordre du jour de la prochaine Conférence (mais pouvant recevoir dès maintenant application volontaire de la part des Unions) un projet tendant à élever à 3 fr., par membre actif, la cotisation des Unions au C. N. afin d'aider à l'augmentation de son budget.

M. Schneider ayant exprimé la crainte que la fixation de ce chiffre puisse abaisser la contribution de certaines Unions, M. d'Allens. fait observer que la cotisation est en principe de 3 o/o du budget de chaque Union et que le minimum fixé précédemment par membre actif serait seul modifié.

Ce vœu est adopté à l'unanimité.

Le rapporteur présente un vœu de l'U. de Lyon, remerciant le C. N. de son attitude énergique dans les questions d'unionisme international, et réclamant l'envoi du texte de la réponse du C. N. à la protestation du C. N. Finlandais, traduit en langue finlandaise.

M. Meyer, demande qu'elle soit simplement envoyée rédigée en français à tous les C. N. des Unions de l'Alliance Universelle.

Un délégué propose qu'elle soit publiée dans la « Sphère », organe du C. U.

M. Bricout demande une traduction en plusieurs langues.

M. Schneider précise que 2 langues sont suffisantes : finlandais et français.

M. Raoul Allier, sachant par expérience combien les traductions répondent peu au texte original, sans que la bonne foi du traducteur ne puisse être mise en doute, propose de rédiger le document en 3 langues : français, anglais, allemand, pour être adressé aux C. N. de l'Alliance, et en finlandais pour être adressé au C. N. de Finlande.

Adopté à l'unanimité.

Le président fait connaître qu'il va être procédé au vote de la Commission exécutive du C. N. Ce vote a lieu à bulletins secrets.

Il est proposé de renouveler le mandat des 9 membres sortants, en leur adjoignant, par application du vote augmentant le nombre des membres de cette commission, MM. Terrier, Ch. Bonnamaux, Brunet, Lortie et Patin.

Pendant le dépouillement du scrutin, M. Bricout exprime les remerciements des congressistes et se fait leur interprète pour remercier l'Union du Havre, le comité des dames, les pasteurs, les éclaireurs, l'U. C. J. F., les membres de l'Église pour leur accueil si chaud et si cordial (*Triple ban*).

Les éclaireurs poussent un cri de guerre en l'honneur de leurs camarades du Havre.

M. Robert Lafaurie, président, prononce une allocution comme clôture des travaux de la Conférence.

(On trouvera cette allocution, page 34).

Après le chant d'un cantique, M. Terrier clôt la Conférence par la prière.

La séance est levée à 18 h. 30.

MEMBRES DE LA COMMISSION EXÉCUTIVE DU COMITÉ NATIONAL

nommés par la 17e Conférence Nationale

MM. Raoul Allier, Charles Bonnamaux, Louis Brunet (1), H. Cambassédès, F. Dürrleman, J. Laroche, Léopold Lortie, Roger Merlin, Pierre Monod, Paul de Pourtalès, P. Patin, Em. Sautter, H. de Seynes-Larlenque, René Terrier.

(1) M. Brunet n'ayant pu accepter a été remplacé par M. Henry Ahier

IIIe PARTIE

NOTRE ORIENTATION

LE PROGRAMME D'ACTION DES UNIONS D'APRÈS-GUERRE

Par **H. D'ALLENS**
Secrétaire général du Comité National

Je n'ai pas besoin d'insister sur l'importance de l'entretien qui s'ouvre ce matin. C'est de l'avenir même de notre mouvement qu'il s'agit.

Huit années se sont écoulées depuis notre dernière rencontre à Nantes. Des événements sans précédent ont bouleversé le monde. Quelle position va prendre le mouvement unioniste français en face des situations nouvelles qui ont surgi? Comment va-t-il adapter son organisation et ses méthodes aux besoins qui se sont fait jour? Quels sont les devoirs urgents qui s'imposent à lui?

Nous sommes un mouvement de jeunes, groupés autour d'un même idéal. A l'heure où la France a besoin, pour renaître, du concours de tous ses enfants, quelle part apporterons-nous à l'œuvre de rénovation? A l'heure où le monde se reconstruit et où l'humanité cherche sa route, comment ferons-nous entendre la voix du Christ des Evangiles?

Telle est la question qui se pose à nous; elle est très vaste, je ne pourrai qu'en indiquer les principaux points sans avoir le temps de les développer, quitte à donner au cours de la discussion des explications complémentaires.

Il faut que nous quittions Le Havre avec une politique générale nette et claire, que nous nous efforcerons de mettre en pratique avec méthode et esprit de suite pendant les trois années qui nous séparent de la prochaine conférence nationale.

Tout en respectant scrupuleusement l'autonomie de nos divers groupements, nous devons arriver à une unité de vues et d'action, absolument nécessaire pour exercer une influence autour de nous. Il ne suffit pas d'avoir des Unions plus ou moins importantes dans tous les coins de la France, il faut qu'elles forment un tout homogène, un ensemble bien organisé ; il faut qu'elles soient soulevées par un même souffle et animées d'un même esprit, il faut qu'elles représentent dans notre pays une force disciplinée mise au service d'une même cause.

Il n'est pas question de changer la méthode fondamentale de nos Unions. Elle a fait ses preuves et nous voulons toujours travailler à l'évangélisation des jeunes par les jeunes, mais, à la lumière des expériences de la guerre et de l'après-guerre, il faut voir comment on peut les adapter aux besoins actuels.

Je parlerai ici à cœur ouvert, car il faut que nous connaissions nos vérités. Je ne crains pas d'en entendre, au besoin je ne craindrai pas d'en dire.

J'ai perçu au cours de mes voyages, l'écho de vœux, de regrets, de critiques d'ordre divers et je suis assez frappé de voir que plusieurs Unions se croient obligées de chercher une nouvelle formule, parfois un nouveau nom, pour répondre aux aspirations d'aujourd'hui. Je constate que les Unions Chrétiennes symbolisent pour plusieurs une mentalité étroite, des méthodes surannées, des réunions ennuyeuses.

Ce qu'on reproche à nos Unions ce n'est pas leur programme, mais la façon dont elles ne l'ont pas appliqué ; c'est parce que beaucoup sont des caricatures d'Unions que des critiques se font jour et la meilleure preuve c'est que là où des essais de réforme se sont produits c'est toujours autour du triple programme unioniste qu'on se groupe, tant il répond bien aux nécessités.

Il faut donc que nos Unions remettent leur activité au point.

C'est pour nous entendre sur l'orientation que nous voulons donner aux divers domaines de notre action et pour adopter une attitude faite de clarté et de sens pratique que nous sommes réunis ce matin.

J'ai dit une attitude faite de clarté.

Il y a en effet des questions sur lesquelles il faut ne donner prise à aucun malentendu et pour cela s'entendre une fois pour toutes, afin de ne pas les voir se poser sans cesse de nouveau et entraver notre marche en détournant notre action des tâches urgentes.

Ce sont de vieilles questions, mais qui ont encore occupé les esprits ces derniers temps. Et comme, par suite de la fermeture de nos Unions pendant la guerre, nous avons toute une génération de jeunes unionistes peu au courant de nos traditions et de nos habitudes et dont l'éducation unioniste est à faire, il est indispensable, au début d'une nouvelle période de notre histoire, de préciser très nettement notre point de départ.

*
* *

I. **Les Unions et le Protestantisme.** — Disons tout d'abord un mot des rapports des Unions et du Protestantisme.

Le terrain sur lequel nous nous plaçons est très net. A ceux qui viennent à nous, nous disons clairement qui nous sommes. Soucieux d'éviter de fâcheux malentendus et des confusions trop fréquentes avec les patronages catholiques, nous affirmons publiquement que nos Unions sont d'origine et d'inspiration protestantes, que nous sommes des fils de la Réforme dont nous nous honorons d'être les héritiers, et que notre méthode de libre-examen et de foi est celle des Réformateurs. Il n'y a là de notre part aucun sectarisme ni aucune étroitesse, mais une question de franchise et de clarté. Nous, les promoteurs, les organisateurs, les dirigeants des Unions Chrétiennes, nous sommes protestants. Le respect même de ceux auxquels nous nous adressons nous fait un devoir de le dire très haut.

Nous n'oublions pas que ce sont les églises protestantes qui ont formé notre vie religieuse, nous éprouvons pour elles le plus filial attachement et nous voulons leur apporter, au moment difficile de leur réorganisation, toute notre foi, tout notre entrain, toute notre ardeur. Nous ne comprendrions pas qu'un jeune homme protestant, fervent unioniste, ne comptât pas parmi les meilleurs membres de son Eglise, même et surtout s'il estime qu'il est nécessaire d'y apporter quelques réformes.

Cela posé, avec une conviction très énergique, nous ne devons pas oublier que, si nous voulons grouper dans nos rangs les jeunes gens protestants, nous sommes avant tout une œuvre d'évangélisation et que nos portes sont largement ouvertes à tous. Les jeunes gens d'origine catholique qui viennent chez nous (et il en vient) ne doivent être et ne sont l'objet d'aucun prosélytisme indiscret; ils ne sont pas obligés de se rattacher au protestantisme pour faire partie de nos associations. Nous respectons leurs scrupules quand ils en ont et si, se sentant attirés par l'Évangile du Christ, ils ont quelque prévention à se rattacher à une Eglise protestante, ils n'en continuent pas moins à être des nôtres; nous avons les plus grands égards pour leurs hésitations de conscience, nous les laissons faire eux-mêmes leurs expériences, qui les amèneront très probablement, comme nous l'avons souvent constaté, à sentir le besoin de se rattacher à la vie d'une Eglise; mais s'ils le font, ce sera sans pression d'aucune sorte, sans y être jamais forcés matériellement ni administrativement; c'est parce qu'ils y verront une obligation morale s'imposant peu à peu à leur conscience.

Nous tenons beaucoup à ce que les jeunes gens du dehors qui viennent à nous se sentent dans une atmosphère d'absolue liberté, dans un milieu à la fois laïque et ouvert qui n'est pas une Eglise, qui ne dépend d'aucun cadre ecclésiastique, et où ils pourront poursuivre en toute indépendance d'esprit leur évolution religieuse.

Voilà pour nos rapports avec la Société religieuse dont nous faisons partie. Voyons maintenant notre attitude à l'égard de la Société civile au milieu de laquelle nous vivons.

*
* *

II. **Les Unions et la politique.** — Nous sommes tous d'accord sur le devoir actuel de la jeunesse chrétienne de ne pas vivre en dehors de son temps, de s'occuper des grandes questions qui se posent devant notre pays et de faire entendre sa voix dans les solutions proposées.

Là où nous différons parfois, c'est seulement sur la méthode.

J'ai entendu soutenir par des unionistes qu'il était inadmissible que, sous prétexte d'une prudence exagérée, les U. C. ne se mêlent pas aux luttes sociales et politiques contemporaines; elles doivent se jeter dans la mêlée, disent-ils, et ne plus se tenir à l'écart de la vie politique du pays.

Il est évident que la Conférence Nationale a le pouvoir d'effacer l'article interdisant aux Unions de faire de la politique. Mais, avant de prendre une semblable décision, il faut en bien peser les conséquences et savoir jusqu'où l'on va.

Pour ma part j'y suis délibérément opposé, car accepter que nos Unions prennent position dans les luttes politiques, c'est briser l'unité du mouvement, y introduire des dissensions intestines, lui enlever ce caractère admirable qui permet de voir réunis dans une même action religieuse et morale des jeunes hommes de tous les milieux sociaux et de tous les horizons politiques depuis l'extrême droite jusqu'à l'extrême gauche.

Y a-t-il rien de plus réconfortant que l'admirable spectacle donné par notre Conférence Nationale où toutes les professions se coudoient et où toutes les classes sociales fraternisent autour d'un même idéal ?

Je n'aurais pas besoin de remonter bien loin pour trouver des exemples prouvant que, dès que l'on aborde le terrain politique et que l'on est par suite obligé de se rattacher à un parti, on aboutit à d'âpres discussions, et à des désaccords fâcheux. Vous verriez bientôt se dresser face à face, dans la même ville, une Union Chrétienne socialiste, une Union Chrétienne « bloc national », et une Union Chrétienne « action française » !

En arriver là, ce serait être infidèle à notre passé, à notre programme, à notre but suprême.

Ce n'est pas ainsi qu'il faut résoudre la question.

Pour y arriver, l'Union doit travailler à former des citoyens éclairés, capables de comprendre et de juger sainement. Elle doit être, en dehors des questions politiques proprement dites, une **école de civisme** dont les cours, les conférences, la bibliothèque contribuent à initier les jeunes gens aux grands problèmes de la vie économique et sociale ; elle doit leur fournir la documentation nécessaire pour qu'ils se fassent une opinion personnelle sur les courants d'idées, mais elle ne doit jamais leur dire : « C'est à ce parti politique qu'il faut vous rattacher, c'est cette organisation économique qu'il faut adopter, parce que moi, Union Chrétienne, c'est le parti politique, c'est l'organisation économique que j'ai choisis. » — Non, nous ne nous lions pas, en tant qu'Union, à une doctrine politique ou économique ; ce que nous cherchons à faire, c'est à mettre les jeunes gens à même de se faire une opinion raisonnée, sensée, appuyée sur une étude documentée de la question.

Mais nous ne nous en tenons pas là.

Ayant fourni à nos membres les éléments d'une opinion personnelle, formée dans une atmosphère de pleine liberté, nous leur disons : « Maintenant que votre siège est fait, que vous savez quelle orientation prendre, agissez, non pas en faisant de l'Union Chrétienne l'instrument de votre politique (ce n'est pas son rôle), mais en vous rattachant aux Comités de votre choix ou en fondant, comme cela a déjà été fait, dans votre localité, une Société ou une Ligue que vous inspirerez, où vous apporterez tous les principes moraux dont l'Union vous aura imprégnés, et qui pourra faire la politique que vous adopterez personnellement, sans compromettre les Unions Chrétiennes. C'est votre devoir, à vous militants unionistes, d'agir dans les sections locales ou d'en fonder, que ce soient celles du Bloc National, du Parti socialiste, de la Démocratie nouvelle, de l'Alliance républicaine, etc., etc., peu m'importe, c'est votre affaire.

Mais ce qui m'importe, c'est que vous défendiez et que vous fassiez triompher dans ces milieux nos principes de moralité et de justice sociale, c'est que vous mettiez l'accent sur la question morale, c'est que vous releviez le niveau des discussions, c'est que vous assainissiez l'atmosphère, c'est que vous montriez par votre fermeté que vous n'entendez pas laisser entamer votre droiture et votre intégrité, c'est que vous remettiez en honneur le parti des honnêtes gens qui a trop souvent jusqu'ici laissé sa place aux autres.

*
* *

III. **Les Unions et l'Action syndicale.** — A côté de la vie politique, il y a la vie sociale qui prend tous les jours une importance plus grande et à laquelle nous sommes trop mêlés pour lui rester indifférents.

Là encore il faut adopter la méthode la plus pratique et la mieux proportionnée à nos possibilités.

On nous cite l'exemple des syndicats catholiques qui ont une puissante organisation et font, dit-on, sentir leur action dans les conflits sociaux.

Mais il est puéril d'établir des comparaisons, car, si pour l'action politique nous nous heurtons à une objection de principe, ici nous nous trouvons en face d'une question de fait. Nous, unionistes, nous sommes bien trop peu nombreux en France pour tenter une organisation de ce genre et avoir nos syndicats à nous. On peut même se demander si, ayant le nombre, la création de semblables syndicats serait désirable.

La seule politique que nous puissions adopter avec chance de succès, c'est de former des personnalités sociales assez fortes et assez marquantes pour qu'elles aillent dans les Syndicats existants exercer leur influence et imprimer leur empreinte. La chose a été tentée ici et là, il faut la généraliser. Je connais un de nos camarades de la région parisienne qui fait partie du Syndicat des Cheminots et qui sait défendre son point de vue en unioniste et en chrétien. Je sais des camarades d'une grande ville industrielle du Nord qui dans leurs syndicats affirment énergiquement leurs préoccupations morales. Et l'un d'entre eux, faisant partie d'une délégation qui allait exposer à la municipalité les revendications ouvrières, prit la parole pour compléter l'exposé du chef de la délégation et réclamer qu'on ajoutât à la liste la lutte contre l'alcool.

En Belgique, des unionistes ont fait voter à l'unanimité par le Syndicat de métallurgistes dont ils faisaient partie un ordre du jour, transmis au Conseil communal, contre les jeux d'argent.

A notre époque de bouillonnement social, où les idées se heurtent parfois avec violence et où l'on est impatient d'apporter des réformes dans l'organisation de la Société, nos Unions ne peuvent pas demeurer étrangères aux grands courants qui passent. Elles doivent être attentives aux aspirations qui montent des foules, capables de comprendre leurs appels et de sympathiser avec leurs justes revendications, capables aussi de les guider et de leur montrer l'injustice de certaines récriminations, capables en un mot de les conseiller et de les orienter. Pour cela, il leur faut être des usines où s'élaborent des consciences droites et éclairées qui, au sein de leur syndicat professionnel, apporteront courageusement leur point de vue.

Là encore en lançant de tels hommes dans l'action sociale, les Unions auront bien mérité de la société.

Pour arriver à ces divers résultats et rendre possible

cette action personnelle des unionistes dans leur milieu social, il est indispensable que nous entreprenions un effort intense de culture générale, de préparation intellectuelle et spirituelle, par le moyen de cours, de camps d'études, de conférences et de lectures. Je l'indique seulement d'un mot, car Léo, Laroche et Sabliet nous en parleront cet après-midi, mais je devais signaler ici la nécessité de mettre sur pied une organisation méthodique et pratique destinée à permettre aux unionistes de développer les connaissances nécessaires à une action efficace ; car tout cela forme un tout, et cet effort fait partie d'un ensemble de mesures destinées à aboutir au même but.

*
* *

IV. **L'action sociale à l'Union.** — Mais alors, me direz-vous, nous n'avons en tant qu'Unions aucune action sociale à exercer ? Nous devons nous contenter de former des hommes qui iront dans d'autres milieux mettre en pratique ce que nous leur aurons appris ?

Loin de là, mes chers amis. Et j'attache au contraire une énorme importance à l'action sociale directe des Unions, car ce sera là la plus belle apologie du christianisme et une des meilleures façons d'en faire comprendre toute la portée à nos contemporains. Aujourd'hui plus que jamais on juge l'arbre à ses fruits, on ne croit à la valeur d'une idée qu'en voyant ses résulats pratiques. On réclame des faits, on veut des réalisations. Ce ne seront pas les occasions qui nous manqueront de montrer que notre foi est une foi agissante.

Campagnes à mener. — Tout d'abord, nos Unions seront toujours prêtes à s'associer aux grandes campagnes menées contre l'alcoolisme, l'immoralité et les autres grands fléaux sociaux et aux efforts vers plus de justice sociale, continuant en cela la saine tradition dont témoignent les interventions passées en faveur des ouvrières travaillant à domicile, pour la suppression du travail de nuit dans les boulangeries, etc... Elles seront prêtes dans ce but à s'unir aux autres Sociétés poursuivant un but analogue et, adversaires résolues des cloisons étanches, elles pousseront à la concentration de toutes les forces décidées à travailler à la rénovation morale de la France.

Applications pratiques. — Ensuite l'Union doit être de son temps et se rendre compte de la mentalité et des besoins de la jeunesse de l'heure actuelle et des difficultés spéciales qu'elle rencontre dans sa vie de tous les jours. Il faut que le jeune homme sache qu'il pourra trouver dans l'Union une aide intelligente qui le sortira d'embarras.

La vie est chère : l'Union proposera ses chambres et son restaurant.

Le choix d'un métier est difficile : l'Union interviendra par son service de placement ou ses cours de formation professionnelle.

L'hygiène de la jeunesse est mauvaise : l'Union y remédiera par ses maisons et ses camps de vacances, ses campings, etc.

Le jeune homme a besoin de distractions : l'Union deviendra un centre aussi attrayant qu'instructif et ne craindra pas de faire du cinéma, admirable instrument dont nous devons nous servir.

Il faut l'avouer, nos Unions sont souvent ennuyeuses ; nos études bibliques sont endormantes et indignes de la Bible que nous prétendons honorer ; nous n'avons actuellement, fait absolument anormal, que 30 groupes sportifs pour 130 Unions...

Si nous voulons que les jeunes viennent à nous, il faut changer tout cela, et faire de nos Unions des centres pleins de vie et d'entrain.

*
* *

V. **Les Unions et l'action missionnaire.** — Tous les efforts faits dans ces divers domaines doivent tendre au but suprême de l'action missionnaire et nous devons nous orienter nettement dans ce sens. Les unionistes doivent être débordants de vie spirituelle et savoir se compromettre. Il faut s'engager résolument dans la voie de l'action individuelle en vue du salut des âmes et faire preuve d'une plus grande hardiesse. Au sortir de la formidable tourmente de la guerre, au moment où toutes les forces vives de notre nation se reconstituent et cherchent une orientation, nous avons une action religieuse urgente à exercer et nous ne devons pas nous y dérober ; nous devons le faire avec intelligence, après une étude attentive du milieu où nous vivons, en évitant les moyens qui froissent ou qui éloignent ; nous devons le faire avec méthode, non pas par à-coups, par impulsions irrégulières, mais en suivant un plan bien étudié et bien conçu.

Pour réaliser une telle action, il est nécessaire de nous préparer personnellement avec beaucoup de soin, de développer notre piété personnelle, d'accroître notre culture générale et de faire de nos Unions de vastes laboratoires où s'élaboreront des personnalités religieuses de premier plan ; c'est ici que viennent s'articuler les rapports que nous entendrons sous ce titre : *De la parole à l'action.*

*
* *

Messieurs, si nous voulons que nos Unions aient de l'action au cours des années qui viennent, il faut qu'elles aient une vision bien claire de la route à suivre, une attitude bien nette sur les questions qui se posent.

Le Congrès du Havre ne doit pas être une parlotte vaine et stérile. Il doit être un congrès de réalisations pratiques et immédiates.

H. d'Allens.

Ce qu'en pense un vétéran

Par **A.-E. MEYER**

« *Il était tout naturel que le C. N., au moment où, après une interruption de 8 ans, il peut enfin réunir une nouvelle conférence nationale, se préoccupât de vous présenter un programme d'action ; et son idée paraît excellente de faire suivre le plan de campagne, si bien préparé, par notre ami d'Allens, de courts contre-rapports destinés à présenter les opinions de différentes catégories d'unionistes et à apporter ainsi de la variété dans la discussion du programme.*

...Tout d'abord, pourquoi les organisateurs de la conférence demandent-ils ici, sur le programme proposé, l'opinion d'un « vétéran » ? Est-ce parce qu'ils ont pensé que les préoccupations et les besoins de la jeunesse actuelle et l'orientation du mouvement de nos Unions sont devenus tellement différents de ceux de jadis qu'il était nécessaire qu'un représentant de générations disparues vînt demander quelque respect pour les traditions et servir de frein à des révolutions trop hardies en évitant des bouleversements inconsidérés ? »

Se défendant de jouer le rôle de censeur, M. Meyer ajoute fort justement :

« Certes, c'est une tendance générale des jeunes gens de croire que leurs besoins, leurs préoccupations et leurs aspirations sont toutes nouvelles et entièrement différentes de celles de leurs devanciers. Il est incontestable que, dans une certaine mesure, c'est là une tendance bonne et nécessaire, puisqu'elle les pousse à ne pas se contenter de jouir paresseusement des conquêtes morales ou intellectuelles héritées de leurs prédécesseurs, mais à chercher constamment à réaliser de nouveaux progrès. N'est-ce pas là, du reste, un des principes les plus féconds de la Réforme, comme de tout mouvement véritablement religieux, c'est-à-dire d'exiger un effort personnel et une perpétuelle ascension vers le mieux ? »

L'orateur, après nous avoir affirmé trouver naturelle et légitime « cette tendance à regarder en avant plutôt qu'en arrière, vers l'avenir plutôt que vers le passé », reconnaît toutefois

« que la terrible guerre dont nous sortons à peine et dont nous sommes encore tout meurtris a apporté dont nous sommes encore tout meurtris a apporté bien des bouleversements dans notre vie nationale, — que, dans maints domaines, notamment économiques et sociaux, les organisations et les conceptions mêmes d'avant-guerre ont été amenées à se transformer plus ou moins radicalement, — que certains maux sociaux se sont développés et généralisés avec une violence particulière, tandis que, par contre, et heureusement, les efforts pour le relèvement moral et religieux de notre nation se multiplient de leur côté avec une ardeur nouvelle.

« Mais, ajoute-t-il, malgré tous ces bouleversements et les transformations du milieu social, les besoins et les aspirations de nos contemporains ne sont peut-être pas si différents de ceux de leurs devanciers que pourraient le penser ceux qui, ne regardant qu'exclusivement en avant, et embrassant l'immensité du champ d'action et tous les problèmes qui se posent à leur intelligence et à leur conscience, seraient enclins à croire que toutes les questions sont nouvelles et que la plupart des préoccupations actuelles étaient inconnues à leurs devanciers. »

Citant le mot connu du livre de l'Ecclésiaste : « Il n'y a rien de nouveau sous le soleil », M. Meyer nous dit « que les besoins fondamentaux des sociétés ne sont peut-être pas si différents de ceux d'autrefois », il nous cite les exemples suivants qu'il prend dans le passé unioniste :

« Le désir de voir proclamer nos Associations nettement évangéliques, fondées sur la parole de Dieu, par conséquent chrétiennes et protestantes, tout en restant indépendantes des églises particulières et ouvertes à toutes les bonnes volontés sincères, sans distinction de croyances.

la préoccupation d'allier une grande largeur d'âme avec une fidélité inébranlable et notamment, au point de vue social, d'exercer une action toujours plus intense et plus étendue, tout en évitant le danger des discusions et des luttes politiques,

d'être aussi ouvertes, gaies et attirantes que possible pour les jeunes gens encore dépourvus de tout sentiment religieux, tout en maintenant le principe essentiel, sur lequel elles ont été fondées, de la foi personnelle de leurs dirigeants et, par conséquent, l'instruction et le développement religieux constants des membres actifs.

Tout cela, depuis trente ans et plus, a été étudié, discuté et essayé de bien des façons, en France comme dans les autres pays et ce passé, déjà riche en expériences de toute sorte, peut souvent être consulté avec fruit pour l'action actuelle. »

Mais M. Meyer se garde de laisser supposer que notre jeunesse doit continuer l'œuvre de générations passées sans chercher à adapter cette œuvre aux circonstances présentes qui demeurent particulières.

« *Il faut que notre jeunesse, le cœur et l'esprit ouverts à toutes les aspirations du monde contemporain, s'efforce de satisfaire à tous les besoins légitimes en cherchant les meilleures méthodes de travail.* »

Après avoir constaté avec joie dans la jeunesse actuelle « l'ambition de continuer l'œuvre abandonnée par nos chers disparus et de ramasser le flambeau tombé de leurs mains », le désir d'un « rayonnement plus puissant », M. Meyer s'adressant aux jeunes, conclut chaudement :

« *A tous ces efforts, à toutes ces initiatives, le vétéran applaudit en exprimant ses vœux pour le relèvement physique, moral et religieux de notre chère Patrie, afin que nos âmes soient toujours plus ouvertes aux visions dont vous entretenait si éloquemment un Dürrleman et que le souffle de Dieu les soulève et les entraîne à une action puissante et persévérante.* »

Ce qu'en pense un ancien Combattant

Par **J.-R. TERRIER**

« MESSIEURS ET CHERS CAMARADES,

« *Le titre de la communication dont je suis chargé me met tout à fait à l'aise en même temps qu'il vous avertit. Je n'ai nullement en effet l'audacieuse prétention de personnifier les Unionistes combattants, encore moins de vous apporter leur opinion unanime concernant l'orientation à venir de nos Unions. Tout de même, j'ai le sentiment que mon exposé ne sera pas subversif au point de ne pas rallier l'assentiment d'un grand nombre de mes anciens camarades de retour du front.*

« *Messieurs, qui dit orientation dit hésitation, mais dit aussi réflexion. A vrai dire, nous ne cherchons pas notre route, nous hésitons devant celles qui se présentent à nous. Nous voici au lendemain de la guerre arrêtés à un carrefour d'où partent un certain nombre d'avenues. Il en est de quelques-unes d'entre elles comme de ces sentiers sous bois qui paraissent se diriger vers le même but, puis qui insensiblement se séparent pour aboutir en des points opposés.*

« La guerre a sérieusement modifié le paysage, et les experts les plus autorisés en orientation unioniste éprouvent le besoin de se concerter. Il faut féliciter le Comité National d'avoir songé à instituer cette consultation et d'y avoir donné la parole aux anciens combattants qui, par la force de l'habitude, se familiarisent rapidement avec les situations les plus imprévues.

« Si j'avais à ramasser en une formule aussi simple et aussi nette que possible, mon opinion quant à l'orientation unioniste à venir, je vous proposerais la suivante :

« Nos Unions seront Françaises ou elles ne seront pas ».

Après avoir brièvement retracé le rôle de la France dans le récent conflit et constaté que si l'on s'en tenait aux considérations d'ordre matériel qui en découlent pour nous, nos réflexions seraient pessimistes, M. René Terrier précise sa pensée et dit que lorsqu'il entend faire de nos Unions des groupements français, il signifie qu'il souhaite voir triompher l'esprit de notre race, « esprit d'ordre, de clarté, de raison, de justice ».

Et il continue en ces mots :

« En parlant ainsi, nous n'entendons pas le moins du monde faire preuve de ce qu'il est généralement convenu de qualifier d'un mot qui reste à définir, « d'impérialisme » ; nous formulons tout simplement un vœu dont la réalisation ne tarderait pas à se traduire en bienfaisantes conséquences. »

M. Terrier nous dit ensuite, en substance, que la France a donné d'assez récentes preuves de la clarté et de la sûreté de son jugement pour que nous puissions espérer qu'elle a un rôle à remplir, rôle de premier plan, dans les reconstructions qui s'imposent.

« Etre Français dans nos méthodes, nous dit-il, dans notre esprit, dans nos tendances, dans notre activité, c'est une exigence qui n'est pas seulement de bon sens, j'estime que c'est la condition même du succès. »

Après avoir mis en relief et regretté l'attitude embarrassée et souvent peu conséquente de certaines associations devant la redoutable question de la reprise des relations d'avant-guerre avec les Puissances Centrales, M. Terrier croit devoir affirmer, en le regrettant toutefois, qu'une collaboration

A TOCQUEVILLE-EN-CAUX

Un groupe de Congressistes visite la Ferme-Ecole des E. U.

L'auto, offerte au C. N. par les Y. M. C. A., a rendu de grands services au Congrès du Havre, avant d'être dirigée sur le Groupe du Nord auquel elle est affectée.

Le transatlantique « Lafayette » que visitèrent les Congressistes

Le Havre. — A l'entrée des jetées

fraternelle avec ces puissances ne se présente pas comme devant être prochaine. Et ramenant le problème sur le terrain évangélique il ajoute :

« Le champ, c'est le monde, disait Jésus expliquant une de ses paraboles, mais nous savons bien que si le Maître aimait à inviter ses disciples à contempler l'immensité de la moisson, il entendait bien que la contemplation de ces perspectives immenses ne leur fît pas perdre le sens de la réalité toute proche, ni du devoir immédiat. »

Après avoir affirmé que « le souci de reconstruire notre pays doit être le centre de nos préoccupations », M. Terrier déclare :

« C'est notre devoir et j'ajoute : c'est notre intérêt. »

Mais l'orateur reconnaît également qu'après avoir vu couler le sang des nôtres durant de trop longues années, nos Unions doivent aspirer à la paix, au travail, à la concorde ; leur action doit être une « action sociale persévérante ».

Et M. Terrier nous donne ce mot que M. Dürrleman prononça dans son rapport à la Conférence de Nancy en 1906 :

« L'absence du souffle social est pour beaucoup dans la torpeur actuelle de nos Unions. » Mot qu'il juge vrai aujourd'hui encore.

Et, précisant, M. Terrier entend, en recommandant à nos Unions de mettre au premier plan de leurs préoccupations la « question sociale », qu'elles « doivent orienter cette action dans le sens des solutions pacifiques de justice, de progrès et de labeur. »

« Envisagé dans cet esprit, nous dit-il, il n'est aucun problème, ni aucune réforme dont nous rejetions l'examen. »

Mais M. Terrier s'empresse d'ajouter qu'il n'entend pas faire courir à notre pays de « redoutables aventures » ; il le croit, très justement, hors d'état de servir « de champ d'expériences ».

M. Terrier ne voyant pas dans l'élan national qui, en 1914, a dressé la France à ses frontières menacées, une suffisante preuve de la vitalité intarissable de notre race, refuse de fermer « les yeux sur ses faiblesses et ses insuffisances ». Il croit devoir dire que la France manque d'hommes, c'est-à-dire de caractères ; mais il affirme un besoin plus urgent encore : « notre pays a besoin de chefs. »

Le devoir, ce sera pour nos Unions « de comprendre cette nécessité pressante de la formation rapide de chefs. »

Et M. Terrier poursuit en ces mots :

« Jamais la pénurie d'hommes capables de diriger ne s'est faite aussi pesamment sentir, jamais l'insuffisance de ceux qui à l'heure actuelle exercent ces fonctions n'est apparue d'une manière aussi éclatante.

« Je vous assure, Messieurs, que c'est une pitié que d'essayer de mesurer l'envergure des chefs que sont obligés de se donner les partis ou les groupements qui nous entourent.

« C'est en y songeant que nous nous sentons envahis par la tristesse qui étreignait le Maître jusqu'à l'angoisse à la vue des multitudes qui lui apparaissaient comme des troupeaux sans bergers.

« On nous répète volontiers que l'heure est aux jeunes et qu'elle est plus spécialement aux Unions. Je le crois pour ma part. Ce qui n'est pas moins certain, c'est que dans le chaos et le néant des programmes périmés, la jeunesse française cherche son chemin. Elle a soif d'une direction et semble disposée à subir l'influence de ceux qui se révéleront dignes de la conquérir. Cette vision du désarroi intellectuel et moral qui règne d'ailleurs un peu partout, elle est d'un tragique impressionnant.

« Pour être absolument vrais, il nous faut donc dire que l'heure est aux audacieux qui voudront la saisir. Il en est de notre jeunesse comme du Royaume de Dieu, ce sont les violents, au sens biblique du mot, qui sont dignes de s'en emparer. »

Et M. Terrier poursuit par ces mots :

« Minute simple et tragique qu'il convient de saluer comme un moment unique, qui peut passer pour ne plus revenir. »

Notre pays est douloureusement meurtri et l'heure demande que nous initions nos jeunes gens aux « devoirs généraux d'hommes » comme aussi « aux devoirs plus particuliers de citoyens». Il nous faut une élite d'entraîneurs qui en traçant virilement son sillon entraîne les faibles et les indécis.

Et après avoir déclaré qu'un pareil objectif n'entame aucunement le triple aspect du programme de nos Unions : « préparation physique, intellectuelle et religieuse », M. Terrier conclut par ces mots :

« Dans son magistral rapport sur la « Mission nationale du protestantisme », M. Gaston Riou écrivait à Nantes en 1912 :

« La mission que le Christ nous assigne est tout entière « dans ce mot : « France » ; sachons aimer notre pays de « l'amour du Christ. »

Telle sera aussi ma conclusion.

« En travaillant à la préparation de ce simple exposé, je relisais cela, et mille autres pensées excellentes qu'il est d'usage d'entendre à chacune de nos conférences nationales. J'avoue que cette lecture n'allait pas sans quelque mélancolie. Si tant de rapports précis, brillants et documentés avaient été suivis de si peu d'effet, qu'adviendrait-il de ces modestes lignes dont je ne me dissimule pas l'insuffisance ?

« Pas grand'chose peut-être ?

« J'ai pourtant l'impression que je n'aurai pas perdu mon temps si je réussissais à laisser dans le cœur de chacun des membres de cette conférence cette pensée digne de nous faire tressaillir d'espérance et de joie, qu'il y a aujourd'hui une heure favorable et que nous serions impardonnables de la laisser passer sans agir. »

Ce qu'en pense un chef-éclaireur unioniste

Par **P. BREITTMAYER**

Messieurs,

Pour un gosse de vingt ans, dont le rôle, pendant la guerre, s'est borné à celui de spectateur impuissant et lointain, il est étrangement audacieux de venir parler de l'Orientation des Unions Chrétiennes, quand un Vétéran, dont l'avis fait autorité parmi nous, tant il est représentatif de longues années consacrées à notre idéal, et quand un ancien combattant, qui fut la preuve vivante de la valeur de la préparation unioniste, nous ont déjà donné les conseils de l'expérience et les vœux d'une pensée mûrie au souffle des champs de bataille.

Contre ce scrupule, on m'a démontré que les jeunes étant le but de tous les efforts, il convenait d'entendre leur voix en les considérant comme les principaux intéressés dans l'affaire : cette assurance m'a décidé à vous porter la pensée de ceux de chez moi.

Si la forme parfois vous en semble rude, trouvez-en l'excuse dans l'ardeur des sentiments : au reste, une saine franchise permet une pénétration réciproque, beaucoup plus profonde qu'une diplomatie prudente ; et c'est là ce qui importe.

D'ailleurs, nous ne rêvons pas de bouleversement dans le fond et la forme de l'unionisme, mais simplement d'une remise au point des définitions premières, partout où une lente usure les a fait abandonner.

Si dans ma région le seul nom d'Union Chrétienne évoque un cercle restreint de petite bourgeoisie, d'employés et d'ouvriers, régis par un cénacle de très anciens jeunes gens, très préoccupés de mots et de forme, déclarant hérétique quiconque porte le nom de fédératif et révolutionnaire quiconque porte le nom d'éclaireur, persuadés d'ailleurs que tout est ainsi pour le mieux, et refusant d'ouvrir les yeux sur la ruine de leur propre édifice, nous croyons, nous, les jeunes, que ce n'est pas là le réel unionisme, mais sa caricature et nous pensons que c'est là le seul unionisme dont la guerre ait pu entraîner la mort.

Mais vous trouverez naturel que cette opinion, fort répandue dans le grand public, écarte partout où on la rencontre, de l'Union, tout élément vivant, enthousiaste, épris d'indépendance ou tout au moins de liberté, c'est-à-dire la grosse majorité de la vraie jeunesse, dont ce sont là les qualités et les défauts.

Vous trouverez aussi naturel que les jeunes qui ont souffert de ce déraillement de l'esprit unioniste rêvent d'un retour aux définitions dans leurs Unions locales, d'un effacement de ce qui a pu donner lieu à cette apparence, partout où le public en est pénétré.

Les jeunes rêvent alors d'une Union qui soit une Union, non un cercle restreint ; où les étudiants et les lycéens ne rougissent pas de coudoyer les employés et les ouvriers ; où les plus jeunes, c'est-à-dire les éclaireurs, rencontrent, chez les plus âgés, un désir de compréhension plutôt que des accusations de désertion, parce qu'ils voient les choses sous un autre angle : une Union qui fasse tout pour comprendre et attirer les jeunes de toutes les classes et ne croie pas à la toute puissance des règlements pour les retenir, quand ils ne trouvent plus dans l'Union une réponse à leurs besoins. Et je crois que cette vision sociale se rapproche davantage du véritable esprit unioniste que de visées révolutionnaires.

Les jeunes rêvent aussi d'une Union Chrétienne qui soit une vie chrétienne et ne s'érige pas en doctrine avec ses dogmes. La seule chose qui importe, c'est le règne de Christ ; ils demandent une source de vie religieuse ; les jeunes en ont assez des fontaines de verbalisme théologique qu'ils rencontrent partout, dans le monde. Ils ont leur Eglise, chacun, selon l'éducation qu'il a reçue, et ils tiennent à en devenir les membres vivants, mais ils ont besoin d'un foyer de jeunes où leur effort personnel leur permette une première réalisation, entre eux, de ce Règne dont ils font leur idéal. Ils rêvent aussi d'une Union où l'on reçoive en frères tous ceux qui sentent une Présence dans le monde et qui la recherchent pour s'en fortifier. Et cela, parce qu'ils savent que les mots ne sont que des mots, que chacun leur attribue une signification différente, que, par suite, une signature au bas d'une formule n'a qu'une valeur toute relative comme preuve d'une qualité morale et spirituelle.

Et cette vision d'orientation religieuse touche aussi davantage au véritable esprit unioniste qu'à un bolchevisme de mauvais aloi.

Les jeunes rêvent enfin d'une Union Chrétienne qui serait de jeunes gens : ils voudraient y voir les jeunes attirés par les jeunes, et non pas intimidés par la rigidité que revêt nécessairement un cercle de messieurs âgés ; ils voudraient voir traiter les jeunes, non pas en vieillards capables de s'intéresser, pendant des heures, à des sermons, encore des sermons et toujours des sermons, non pas en enfants tracassiers et révolutionnaires, mais en jeunes, auxquels on présente le Christ comme à des jeunes, c'est-à-dire en Ami ; en jeunes, pour lesquels la défiance ne soit pas la règle, comme si les intrigues et les complots étaient leur seule préoccupation, mais auxquels on fasse une large confiance, dont on utilise l'enthousiasme et l'ardeur et surtout qu'on laisse se diriger eux-mêmes, en se bornant à les aider au lieu de leur imposer une autorité rigide qui les fait fuir.

Et cette vision touche aussi de très près au véritable esprit unioniste qui veut laisser les jeunes conquérir les jeunes, qui veut enrichir la jeunesse, la fortifier et lui voir remplir son rôle dans le monde.

Et c'est là, la vision d'orientation missionnaire de l'Union Chrétienne : qu'elle attire, qu'elle retienne, qu'elle nourrisse les vies intérieures, qu'elle aiguille vers les champs d'action extérieure.

Et voici la réalisation pratique de cette vision.

Que l'Union attire par la séduction de son local et les distractions qu'on y trouve.

Que l'Union retienne les jeunes par une personnalité attachante, un cœur ardent et passionné pour la cause, un ami qui accueille à bras ouvert : je veux dire le directeur, qui ne soit plus un secrétaire surchargé de travaux secondaires, et dont la situation matérielle fasse un Monsieur aussi honoré qu'honorable.

Que les garçons, ainsi attirés et retenus, trouvent dans l'Union la nourriture spirituelle qui convient à leur culture intellectuelle, à leur âge, à leurs aptitudes. Beaucoup d'Unions ont péri de ce qu'elles connaissaient une seule méthode d'évangélisation : celle du Monsieur qui fait un long discours à un auditoire disparate. Or, cela peut convenir à quelques-uns, pas à tous. J'en vois la preuve dans le succès de la Fédération chez les lycéens et les étudiants spécialisés intellectuellement, j'en vois la preuve dans le succès des éclaireurs chez les tout jeunes spécialisés selon leur âge et leurs aptitudes. La jeunesse moderne préfère, aux vastes assemblées, le petit groupe : elle y trouv plus d'intimité, plus de profondeur et nous la comprenons parce que nous connaissons la valeur de l'amitié dans une œuvre d'évangélisation. — Eh bien ! donnons-lui des petits groupes ! Qu'importe que nous changions un détail dans la forme si l'Esprit doit en être favorisé ! Nous devons répondre aux besoins, voilà notre mot d'ordre : les jeunes ont besoin d'intimité, donnons-leur des petits groupes, ils ont besoin d'une nourriture spirituelle solide, mais non d'une indigestion : spécialisons alors ces petits groupes d'après la culture intellectuelle, l'âge, les aptitudes ; les jeunes ont besoin d'expériences personnelles, laissons alors ces petits groupes spécialisés se diriger eux-mêmes en ce qui concerne leur vie intérieure, c'est ainsi que chacun suivra la véritable école de la vie. Ils feront des gaffes peut-être, mais ils en retireront des expériences et les bonnes choses qu'ils feront leur seront cent fois plus profitables que si nous, nous les leur faisions faire.

Ainsi, pratiquement, partout où l'Union est peu nombreuse, elle reste groupement unique et essaie tant bien que mal de suffire aux besoins de tous, mais que partout son but soit la division en groupes : groupe de lycéens, groupe d'étudiants, groupe d'employés, groupe d'ouvriers, troupe d'éclaireurs, meute de louveteaux, section cadette de non-éclaireurs, chacun rattaché à sa Fédération Nationale pour la création d'un Esprit dont les Fédératifs et les Eclaireurs sentent tout le prix, mais tous ces groupes, liés en cellule locale, par un local commun, un Ami commun : le directeur de l'Union, un Comité commun.

Ce Comité laisse les groupes s'organiser à leur façon, selon la méthode de leur Fédération, complètement autonome en ce qui concerne leur vie intérieure, mais il a la direction matérielle et financière du local fournissant ainsi le moyen d'attirer, il choisit le directeur, fournissant ainsi le moyen de retenir, il fait confiance aux groupes pour que chacun trouve dans leur sein la nourriture spirituelle qui lui convient. Son rôle principal est alors d'aiguiller les jeunes vers l'action extérieure, de faire l'unité du front, l'Union de toute la jeunesse chrétienne pour la conquête des points stratégiques, de donner alors à chacun la place où il peut servir les hommes selon son temps, son âge, sa culture et sa force.

Ainsi donc, groupement des Mouvements de jeu-

nesse actuels dans un local commun pour une vraie fraternisation, avec un ami commun qui donne les directives, groupes autonomes, sous la forme qui rallie les préférences des jeunes de ma génération, enfin, concentration des forces sous un Comité pour une action plus profonde à l'intérieur, voilà les caractéristiques à la base de notre vision d'orientation missionnaire.

L'Union Chrétienne groupera ainsi toute la jeunesse chrétienne et que l'on ne vienne pas rebattre les mêmes thèmes d'état dans l'état, parce qu'il y a spécialisation par groupes ; qu'on ne parle plus de concurrence entre Fédération, Union, Eclaireurs et autres, que toute question de susceptibilité personnelle soit écartée à jamais.

Nous, les gosses de la guerre, les jeunes, nous nous souvenons de l'éclair de victoire qui brillait dans le dernier regard de nos frères qui sont tombés aux champs de bataille, parce qu'ils nous sentaient prêts à saisir le flambeau. Nous voulons nous souvenir que nous vous devons tout dans cet esprit unioniste qui nous a révélé le Chemin, la Vérité et la Vie. Et c'est cette flamme que nous tenons des vivants et des morts qui nous force à proclamer que seul le règne de Christ nous importe.

Fédératif, Unioniste, Eclaireur, peu importe : le tout est d'être jeunesse chrétienne ; nous, les jeunes, nous sommes capables d'être d'un groupe, sans oublier les autres groupes, d'être d'un Mouvement, sans oublier les autres Mouvements, d'être d'une Eglise, sans oublier les autres Eglises. Et nous ne voulons plus que l'on se batte pour des étiquettes.

Non, Union, Fédération, Eclaireur, ne se font pas concurrence, ne peuvent pas se faire concurrence et ne se feront jamais concurrence : mon Unioniste se met de la Fédération : Qu'importe ! il abandonne l'Union pour la Fédération ? Vous trouvez que c'est un désastre ? Je dis qu'il n'y a pas de perte pour le Christ et qu'il y a gain pour mon Unioniste s'il trouve dans la Fédération une réponse plus précise à ses besoins. Et de même pour un Fédératif qui devient Unioniste, et de même pour un Eclaireur qui devient Fédératif ou réciproquement. Alors où est la concurrence ?

Et du reste, la vision missionnaire de l'Union Chrétienne dont je vous ai parlé et que Bordeaux réalise avec son Foyer des Associations Chrétiennes de jeunes gens supprimerait le moindre soupçon de concurrence, lycéens et étudiants se rangeant dans la légion unioniste, les Eclaireurs y demeureront attachés, — groupements autonomes, c'est vrai, mais travaillant en parfaite collaboration et dans l'unité d'action intérieure.

Laissons donc à la porte nos susceptibilités de Mouvements comme nos susceptibilités personnelles. Voici, nous sommes venus pour Servir : à nos amis de nous dire à quoi nous sommes bons, mais non pas à nous de nous imposer, et sachons aussi nous en aller quand l'heure est passée pour nous d'une action fructueuse.

Allons les uns vers les autres, nous, même Unionistes, allons voir la Fédération, allons voir les Eclaireurs et si, les ayant vus, nous trouvons en eux des concurrents d'aujourd'hui ou de demain, c'est que nous aurons eu des yeux pour voir et que nous n'aurons point vu.

Voici quel esprit nous anime : nous, les jeunes de tous les Mouvements, nous vous portons une bonne volonté sans limite : à l'appel qui vient d'en haut, nous répondons : « Présents ». Vous, nos frères aînés, faites de nous ce que bon vous semble.

Mais que ce Congrès voit la fin de la défiance intérieure et extérieure. Et dans ce sentiment de communion intense, avec la certitude profonde que tous marchent au même but, laissons les mots, les formes, les discutailleries qui sont choses humaines et à Jésus qui nous demande : « Veilleur, que vois-tu dans la nuit ? » répondons de toute notre âme, avec la joie dont nos cœurs débordent à cette vision : « L'aube vient ! »

LA CULTURE INDIVIDUELLE

De la Parole à l'Action

Par Albert LÉO

(*Résumé*)

Après la guerre il nous avait semblé que le régime de la parole était achevé. Or, nous la retrouvons plus abondante que jamais ; aucune taxe de luxe, aucune pénalité ne vient en tempérer le débit. Heureusement, quelques-uns, dont nous sommes, se sont promis de la réhabiliter à force de la respecter.

Est-ce à dire que, suivant les conseils du conférencier, les parlotes unionistes auront vécu ? Sans en avoir la certitude, nous en avons l'espoir, car on nous indique le meilleur moyen de réhabiliter la parole : en la socialisant.

Léo nous invite ensuite à ne plus tant parler pour dire : « Moi je trouve que... », mais plutôt pour exprimer une pensée commune traduisant la volonté d'un groupement.

Dans le domaine spirituel, en effet, il n'est pas de propriété ; si notre parole est esprit, elle ne peut nous appartenir, nous demeurerons des interprètes et facilement l'on comprend comment ces idées peuvent s'appliquer à nos activités unionistes.

La parole qui agit n'est pas une parole individualiste, mais au contraire, celle qui exprime l'opinion secrète des autres, qui les libère et qui les aide.

« La parole de Dieu, dit-on, est un glaive à deux tranchants », combien l'est plus encore la parole humaine qui blesse ceux qui la manient follement. Notre ami ajoute : sans compter les coups de rasoir dont elle balafre parfois la figure des auditeurs.

Mais avant de parler d'action, nous abordons la partie essentielle de la conférence : la *préparation* à l'action unioniste ; cette préparation, à ce qu'il nous semble, doit être double : théorique d'abord, pratique ensuite.

La préparation théorique, qui ne peut être que livresque, reste indispensable.

Léo porte ce jugement sur nous :

« Unionistes, nous ne lisons pas assez. Lire n'est pas autre chose que d'entreprendre la résurrection de ceux qui ne sont plus, mais qui doivent rester pour nous toujours vivants. Il faudrait, dans nos Unions, une soif d'apprendre, un désir de connaître que nous ne rencontrons pas assez répandus.

« Nos Unions n'ont pas à être des salons et encore moins de petits cercles, elles doivent être avant tout de véritables coopératives de production spirituelle. Achetons dans la mesure de nos moyens des livres, abonnons-nous à des revues et lisons-les. Plaçons dans nos bibliothèques d'Union des livres choisis sur les arts, les sciences, la religion. »

Le conférencier aborde ensuite la préparation pratique :

Dans les livres nous avons rencontré les grands vivants de naguère, ils nous sont nécessaires, mais cela ne peut suffire, il faut aussi fréquenter les vivants d'aujourd'hui.

Il nous est indispensable de connaître nos contemporains : ce sont les morts de demain ; il ne faut pas en avoir peur parce qu'ils sont vivants ; ni attendre qu'ils soient morts pour les glorifier tardivement. Et ne croyons pas que ce soient seulement les chefs, ce sont les petits, les humbles qu'il faut connaître et savoir apprécier.

N'est-il pas clair que nos Unions, où se rencontrent des hommes de toutes les classes sociales : cheminots révoqués et capitalistes, peuvent devenir, pour nous tous, une merveilleuse école sociale ; grâce à l'esprit chrétien, esprit de confraternité qui préside à nos débats, qui règle nos rapports, ce mélange, au lieu d'être un danger, constitue une véritable force. Car toujours il faut que la foi religieuse l'emporte sur la foi politique.

Veillons à ce qu'aucun des présents ne soient traité en frère inférieur. Il peut y avoir des préférences individuelles, mais on ne doit pas sentir ce que l'orateur appelle spirituellement une excommunication latente.

Pour terminer, Léo nous parle de l'action sous une forme différente de ce que nous appelons parfois de ce nom. Il la définit en ces termes : Tout ce que nous entreprenons à cause de notre foi.

Elle n'est pas forcément ce qui se manifeste avec éclat, elle est ce que nous faisons, nous, simplement, en secret. Car si nous savons ce qu'il faut penser de la parole et de ses dangers, nous savons aussi qu'il est plus important de vivre l'Evangile que de le répandre. En le vivant, nous sommes certains de le répandre, tandis qu'en parlant on n'est pas toujours sûr de le vivre ou de le faire vivre.

Il y a mille manières de vivre l'Evangile ; pour certains, ce sera de le méditer; pour d'autres, d'écrire des lettres, de faire des visites ; pour d'autres encore, de faire du camping, de se promener. Mais agissons sans étroitesse d'esprit, laissant de côté l'esprit de clocher ou de chapelle. Si notre christianisme est si pâle, c'est parce qu'il reste dans la cave de notre conscience, parce qu'il manque de soleil fraternel, populaire, ardent.

Prions, mais ne nous contentons pas de chuchoter notre prière, la tête dans l'oreiller, car alors notre foi religieuse ressemblerait trop à ces vieilles dames frileuses qui ne sortent pas quand il fait froid, tandis que notre Dieu, heureusement, peut supporter le soleil et le vent, la contradiction et la lutte.

Nous avons peur du « Dieu vivant », parce que nous ne sommes qu'à moitié vivants nous-mêmes.

Que notre foi soit digne du Dieu qu'elle invoque : jeune et enthousiaste.

La Formation des Travailleurs chrétiens

Communication de Jean LAROCHE

Après la spirituelle causerie d'A. Léo, sur la parole inutile, M. Laroche tient à réduire au minimum sa propre parole, pour faire part seulement des quelques efforts tentés l'année précédente dans la région parisienne.

1. Effort d'action. — A. L'ŒUVRE UNIONISTE PROPREMENT DITE : réorganisation de nos *Associations*, leur mise en état pour les rendre missionnaires. Et jusqu'ici au sein de l'œuvre unioniste, développement des troupes d'*Eclaireurs*.

Premiers projets ébauchés et premiers essais tentés de « *gerbes* » des groupements de jeunesse en vue d'activités définies : Fêtes de la Victoire au Trocadéro, etc.

B. COLLABORATION A « LA CAUSE », soit des unionistes individuellement, soit des Unions avec sympathie du Comité Régional. — 1. Colportage : Vente d'Evangiles, Nouveaux Testaments et tracts le 1er mai ou en d'autres circonstances. — 2. Participation aux campagnes d'évangélisation en diverses paroisses : Maison Fraternelle, Plaisance, etc.

2. Effort de culture. — Pour donner il faut avoir; pour témoigner il faut savoir, et pour parler utilement il faut moins emmaganiser la science, que se mettre en état de savoir *choisir*. D'où les avantages d'étude et de vulgarisation offerts aux unionistes.

CAMPS D'ÉTUDE ET DE VACANCES de Chaintréauville, en septembre 1919 et 1920; COURS ET CONFÉRENCES de l'hiver, donnés principalement à la rue de Trévise, en 3 séries sur la *Bible*, le *protestantisme* et la *parole en public* ; TRAVAUX PRATIQUES découlant de ces conférences. (Ici l'orateur rend un hommage ému à Edouard Rayroux, un des professeurs des années précédentes emporté en pleine jeunesse).

Cours spéciaux pour CHEFS ECLAIREURS, tant *pédagogiques* que techniques.

Mention est faite des cours de l'ECOLE DE SERVICE CHRÉTIEN, à la disposition des membres des Unions notamment dans son *Ecole élémentaire* et son *Ecole par correspondance*, et des *publications* de divers formats dont l'« Union pour l'Action Missionnaire » prépare les séries,

L'orateur termine son allocution, appuyée d'anecdotes, par un appel à nous compléter les uns par les autres dans le travail en commun, suivant les dons et les points de vue personnels que chacun a reçus de Dieu pour les faire valoir et les développer à Son service et au service des frères.

Ce qu'on peut faire en Province

Communication de G. SABLIET

« Lorsqu'on demanda à Sieyès ce qu'il avait fait pendant la Terreur, il répondit : « J'ai vécu ». Je crois que cette expérience a été celle de la presque totalité de nos Unions, pendant la douloureuse tourmente dont nous sortons à peine. Nos Unions ont vécu suffisamment pour ne pas disparaître, mais elles ne peuvent s'en tenir là. Leur double caractère d'œuvre de jeunesse et d'œuvre chrétienne les met dans l'obligation absolue d'être conquérantes, c'est-à-dire de se développer sans cesse, par l'action sur la masse. C'est la condition *sine qua non* de leur existence.

« De cette nécessité de l'action, nos travaux de ce matin et la conférence de ce soir nous montrent éloquemment l'urgence tragique. »

Après avoir affirmé que l'effort nouveau que se doivent de produire nos Unions demande des hommes qualifiés et convaincus surtout, M. Sabliet poursuit :

« Comme toute grande cause, notre Mouvement doit avoir en lui-même une vitalité suffisante pour produire ses propres militants. Le seul moyen de satisfaire ce besoin, c'est de fournir aux plus ardents et aux plus doués de la masse les moyens de se préparer à cette branche importante du service chrétien qu'est l'action missionnaire des jeunes auprès des jeunes par nos Unions Chrétiennes.

« En liaison avec nos efforts pour attirer et gagner les jeunes, nous devons instituer des organismes d'éducation unioniste, en vue d'inculquer notre idéal, notre but essentiel, unique : la conquête des âmes au Christ Sauveur, d'en montrer toute la beauté, et de développer les dons et les talents de ceux qui sont déjà gagnés à notre cause. »

M. Sabliet envisage ensuite par quels moyens pratiques on peut former les militants nécessaires. Il ne nous dissimule pas que la situation, en province surtout, ne manque pas d'une certaine complication.

« Je suis, *nous dit-il en reprenant pour son propre compte le mot d'un poète*, né tard dans un monde déjà vieux, je me sens fort embarrassé pour apporter à nos chères Unions de province des idées nouvelles, des solutions toutes faites et immédiatement réalisables. »

Il relate toutefois divers essais qui ont rendu d'appréciables services en contribuant à la formation de militants unionistes ; ainsi par exemple les cours Unionistes organisés à Nîmes en 1908 et 1911 et il manifeste son désir de les voir s'étendre à un groupe d'Unions.

« Je signale dans ce but, nous dit-il, aux Unions de province l'expérience concluante faite dans le Groupe Gard et Midi au cours de cette récente période d'activité, grâce à notre organisation de secteurs. Certains de nos secteurs groupant plusieurs Unions, pasteurs et groupes de jeunesse, se réunissent régulièrement tous les 15 jours et s'occupent de technique unioniste par 2 études : l'une d'ordre théorique, l'autre d'ordre pratique ».

Et M. Sabliet ajoute :

« Tous ces systèmes, tous ces organismes n'ont de valeur et d'influence que selon l'esprit dans lequel ils sont appliqués. En matière d'éducation, des efforts limités ne sont pas suffisants. Il faut envisager une œuvre de plus longue haleine. Cette œuvre de longue haleine, de patiente et persévérante formation, je crois pouvoir vous dire, en me basant sur des expériences personnelles, qu'elle ne peut s'accomplir que sur le terrain de l'affection intime et fraternelle. C'est dans l'esprit d'étroite communion d'un chef de file avec ses jeunes unionistes que s'accomplit l'œuvre profonde qui fera de ces jeunes, impatients d'agir, frémissants d'enthousiasme, les militants fidèles et sûrs de nos Unions. D'ailleurs, c'était la méthode pédagogique du Christ, et Il était le Maître en la matière ! Les disciples recevaient avec la foule les enseignements du Sauveur. Mais bientôt après, Celui-ci les prenait en particulier et là, dans cette étroite relation, dans cette communion intime, Il rendait plus pénétrantes et vivantes encore pour eux les vérités qu'Il avait proclamées. »

Après avoir chaudement recommandé l'Ecole de Service Chrétien qui a prévu justement, en collaboration étroite avec notre Comité National, tout un programme de cours par correspondance, M. Sabliet nous dit encore, parlant de ces sujets souvent abstraits et arides, l'Histoire Unioniste, la Technique Unioniste, l'Histoire des Religions, l'Apologétique, la Psychologie, les Mouvements sociaux, la Pensée Contemporaine, qu'ils « prendront un souffle puissant de vie, si le chef de file, le leader unioniste, qu'il soit président de l'Union ou seulement membre actif en relations plus directes avec les jeunes, étudie ces sujets, s'en pénètre et, sans bruyante organisation extérieure, dans l'intimité d'une réception chez lui, dans la communion de son esprit avec l'esprit de ces jeunes, dans la pénétration de son âme avec leur âme, leur inculque ce qu'il aura reçu lui-même de ces cours ».

M. Sabliet termine par ces fortes paroles qui précisent notre but avant tout d'ordre spirituel et moral :

« Comme toute œuvre auprès des jeunes, c'est une œuvre d'amour. Nous ne serions pas de vrais membres actifs d'Union Chrétienne si nous hésitions ou si nous renoncions à l'accomplir.

« Un chrétien, analysant nos milieux religieux, écrivait :

« Dans nos milieux religieux les saints inachevés
« gisent autour de nous comme des modèles brisés
« dans un atelier de sculpteur. »

« Ce que le monde attend, ce que la France attend, ce que l'Eglise attend, ce que la jeunesse du dehors attend, c'est une révélation de sainteté dans des vies d'hommes. A former ces saints dans nos Unions, appliquons-nous sans cesse avec persévérance, mais de grâce ne faisons pas de saints inachevés. »

L'ORGANISATION DU MOUVEMENT DES ÉCLAIREURS UNIONISTES

Rapport de Jean BEIGBEDER
Commissaire National des Eclaireurs Unionistes

MESSIEURS,

Je suis chargé de vous exposer quelle a été et quelle doit être l'organisation du Mouvement des Eclaireurs Unionistes de France. C'est une lourde responsabilité, et j'en sens tout le poids.

Car le Mouvement des Eclaireurs Unionistes est un des héritages les plus sacrés que nous aient laissé les Unionistes morts au champ d'honneur, dont le souvenir toujours vivant a été évoqué ce matin devant vous; et parmi eux tous, très spécialement Samuel Williamson, que nous, Eclaireurs Unionistes, aimons à appeler notre chef, et dont nous voulons célébrer dignement le souvenir, en 1921, à l'occasion du 10e anniversaire de l'introduction du scoutisme en France. — Et c'est en même temps un des Mouvements qui suscitent parmi les jeunes les plus grands enthousiasmes, parmi leurs aînés les plus grands espoirs; car les résultats obtenus par lui sont évidents et sa puissance de rayonnement considérable.

Garder fidèlement l'héritage laissé par nos aînés; répondre aux aspirations des jeunes et ouvrir sans crainte des voies nouvelles... Deux préoccupations qui n'en font qu'une heureusement : car nos aînés, dont vous êtes, Messieurs, n'ont jamais eu peur des innovations, s'occupant fort peu de l'opinion des hommes, soucieux seulement de « Faire Christ Roi » et de conformer leur action à la Volonté de Dieu. Plus que toute inspiration humaine, c'est cette Volonté Divine que nous devons chercher et que nous cherchons avec sincérité et angoisse; c'est dans cet esprit que nous aborderons très simplement cette étude, et que nous vous prions de l'écouter.

Plan

En guise d'introduction, nous vous rappellerons tout d'abord les principales phases du développement de notre jeune Mouvement, et vous donnerons quelques précisions et quelques chiffres sur sa situation actuelle. Puis, à la lumière de ces faits, nous vous exposerons les raisons qui nous font considérer comme indispensable une organisation indépendante de ce Mouvement. Enfin nous vous dirons les principes sur lesquels votre Commission exécutive et votre Commission des Eclaireurs se sont mises d'accord en vue de cette nouvelle organisation, dont l'établissement dépend de votre décision.

Historique du Mouvement

Le Mouvement des Eclaireurs Unionistes est né en 1911, et sa création a été consacrée par la Conférence Nationale de Nantes en 1912. Il est à remarquer que si le Mouvement des E. U. a été organisé, c'est pour des raisons que nous pourrions qualifier d'extérieures : l'idée primitive de Williamson semble bien avoir été la création d'une Association Nationale d'union sacrée, dont les Troupes d'Unions Chrétiennes auraient fait partie, comme les Troupes des Y.M.C.A. sont rattachées à l'association anglaise des boy-scouts. C'est parce que ce projet s'est montré irréalisable, parce que des personnalités se sont heurtées entre lesquelles nos dirigeants ne pouvaient ni ne voulaient choisir, que le Mouvement des Eclaireurs Unionistes a été organisé indépendamment des Associations laïques. Comme sa naissance, la vie de notre Mouvement a été, et sera encore, souvent influencée par des considérations touchant à l'ensemble du scoutisme français ; et nous verrons que l'évolution actuelle est en grande partie imposée par des raisons de cet ordre.

Nos Troupes groupaient 912 éclaireurs en octobre 1912 ; elles en comptaient plus de 3.000 au 1er août 1914. Période de propagande enthousiaste, de mise au point technique fort approfondie, sous l'inspiration de Williamson, et la direction active et dévouée de Henri Bonnamaux ; dans le feu de l'action, sans cesse appelé par des devoirs pressants, on s'occupe peu des questions d'organisation. Cependant, en août 1914, un avant-projet de statuts avait été préparé, en exécution d'un des vœux de la Conférence de Nantes.

D'août 1914 à novembre 1918, c'est la guerre, la période héroïque, mais combien douloureuse, où tous les chefs partent sur le front, où ceux qui restent, sentant leur responsabilité immense vis-à-vis des enfants, qui grandissent *même pendant la guerre*, s'efforcent de maintenir coûte que coûte les troupes, et voient chaque année, parfois deux fois par an, leurs efforts brisés par la mobilisation des classes successives. Henri Bonnamaux, Georges Diény et moi-même travaillons à cette tâche; et, pour subvenir à l'absence des Comités d'Union, ou Comités régionaux, sentons la nécessité de renforcer l'organisme central. D'où une organisation provisoire, et de plus en plus complète, sur laquelle nous reviendrons. A la fin de cette période, dont l'époque la plus difficile fut, comme ailleurs, l'année 1917, malgré la perte de 120 chefs, malgré la désorganisation de la plupart de nos Unions Chrétiennes, malgré l'invasion de la région du Nord qui comptait plus de 500 Eclaireurs, nos Troupes groupaient lors de l'armistice environ 2.300 éclaireurs.

Depuis l'armistice, ici comme ailleurs, c'est la période de réorganisation : résurrection de nos Troupes du Nord, organisation de notre Groupe d'Alsace sont les deux faits saillants de cette époque, remplie par ailleurs de multiples travaux et riche de promesses et d'encouragements.

Notre Mouvement comprend actuellement 135 Troupes, groupant 3.800 éclaireurs. Son manuel termine sa 4e édition, dont les 5.000 exemplaires ont été enlevés en un an; ce manuel en est à son douzième mille, et il est utilisé non seulement chez les Eclaireurs Unionistes, mais par de nombreuses Troupes d'Eclaireurs de France ou de Scouts de France, catholiques. Deux journaux sont publiés chaque mois : l'*Eclaireur Unioniste*, pour les éclaireurs, tiré à 3.000; le *Lien*, pour les chefs, tiré à 500. Le budget de la Commission Nationale des Eclaireurs Unionistes atteint 35.000 francs, et est, depuis 1919, assuré par des souscriptions distinctes de celles du C. N. des U. C. J. G.; le magasin fait un chiffre d'affaires qui dépasse 10.000 francs par mois. Un commissaire national, un secrétaire, une sténodactylographe sont appointés par la Commission Nationale et lui consacrent tout leur temps ; un magasinier devra bientôt se joindre à eux pour la vente des équipements et des publications.

A côté de ces chiffres et de ces faits, il faut en citer d'autres, qui prouvent que la Bonne Action de l'Eclaireur n'est pas quelque chose de purement théorique ou individuel, mais qu'elle a une valeur sociale, je dirais volontiers nationale. Pendant la guerre, sans insister sur les services rendus par les Eclaireurs Unionistes pour l'installation des hôpitaux, le transport ou le ravitaillement des blessés, l'organisation des journées ou fêtes pour les œuvres de guerre, nos Troupes peuvent être fières d'avoir les premières institué le marrainage des Troupes du Nord, et aussi d'avoir organisé les premières équipes agricoles scolaires qui aient existé en France. Depuis l'armistice, ce sont les colonies de vacances pour les enfants des régions dévastées qui ont fait appel à nos Eclaireurs : sous les auspices des Foyers de l'Union Franco-Américaine, de « la Maison de nos Enfants du Nord », de la Société Centrale Evangélique, plus de 600 enfants au cours de l'été 1919, près de 7.000 au cours de l'été 1920, ont joué, se sont fait du bien physiquement et moralement sous la direction d'éclaireurs à coq, et ont ainsi entrevu ce qu'était l'idéal Eclaireur Unioniste. Enfin, l'organisation de la Ferme d'apprentissage du Hameau est la contribution que ce mouvement a apportée à l'angoissant problème du « retour à la terre ».

Messieurs, loin de nous la pensée de nous enorgueillir de ces chiffres ou de ces faits ; ce n'est que bien peu de chose à côté de ce qui devrait, de ce qui doit être. Et lorsque, à côté de ces faits qui montrent le rayonnement très spécial que peut avoir une œuvre aussi modeste que la nôtre, nous constatons que nos Troupes groupent à peine 15 0/0 des garçons qui fréquentent les Ecoles du Dimanche, nous cherchons anxieusement pourquoi. Nous reconnaissons, hélas ! combien facilement ! nos lacunes et nos défaillances spirituelles. Mais nous croyons discerner aussi quelque chose qui n'est pas tout à fait au point dans la machine, et qui en compromet le rendement. Etudions-en donc le mécanisme.

Pourquoi une organisation indépendante est-elle nécessaire

Depuis que son existence a été consacrée en 1912 à Nantes, le Mouvement des Eclaireurs Unionistes a exigé la création de toute une série d'organes de plus en plus spécialisés, que nous allons vous rappeler brièvement.

Le besoin d'un spécialiste pour diriger le Mouvement s'était fait sentir dès le début, et H. Bonnamaux était déjà en fonctions lors de la conférence de Nantes. Peu après, ce fut l'apparition du Manuel, l'outil de travail indispensable. Puis, dès décembre 1913 et janvier 1914, la publication du « Lien » et de « l'Eclaireur Unioniste », les deux périodiques techniques dont la nécessité était reconnue par tous.

Lorsqu'après les premiers mois de la guerre, tout le monde comprit que le conflit durerait longtemps, le Comité National, soucieux d'encourager le développement des Eclaireurs Unionistes malgré la désorganisation inévitable des Unions Chrétiennes, nomma une Commission Nationale, présidée par un de ses membres, M. le pasteur Laroche ; cette Commission se réunit pour la première fois le 25 février 1916, et n'a jamais interrompu son travail depuis cette époque.

Tout organisme exige un budget. Le Comité National y avait suffi jusqu'alors ; mais il était prudent de ne négliger aucune source de recettes ; or, grâce à l'intérêt soulevé par les Eclaireurs, il semblait possible d'en trouver de nouvelles. Dans sa séance du 6 décembre 1916, votre Commission Exécutive autorisa la Commission des Eclaireurs à rechercher des souscriptions spéciales.

Cependant, plus la Commission Nationale travaillait, plus il devenait évident que son action devait être précisée dans un règlement ou des statuts particuliers. On y fut brusquement amené par l'obligation, qui semble inéluctable à cette époque, de constituer, avec les Eclaireurs de France, une « Fédération Française des Eclaireurs ». Pour faire partie de celle-ci, il fallait avoir des statuts et les déposer ; le Commissaire National H. Bonnamaux les rédigea rapidement, et constata qu'il ne pouvait pas adopter purement et simplement son avant-projet de 1914, parce que, dans les statuts d'une association déclarée, il n'est pas possible de se référer aux statuts d'une association non déclarée, telle que l'Alliance des Unions Chrétiennes. Ces Statuts ont été adoptés par la Commission des Eclaireurs le 14 octobre 1918.

Enfin, le 14 avril 1917, le 1er novembre 1918, le 11 novembre 1919, tous les Chefs de France étaient invités à participer à des Conseils Nationaux qui, si modestes qu'ils aient été, furent d'un grand encouragement pour plusieurs et les fortifièrent dans leurs vocations de chefs éclaireurs. Et je ne parle pas des conseils ou camps régionaux de Chefs des Groupes de l'Ouest, de la Seine, du Rhône-et-Loire, d'Alsace, etc., dont l'action fut encore plus intime et plus profonde.

Un spécialiste, un Manuel, des périodiques, une Commission Nationale, un budget spécial, des statuts, des Conseils régionaux et nationaux, autant d'organes spécialisés dont la création successive a été *imposée par les faits*, et non point voulue et recherchée comme certains l'ont cru à tort. Cette évolution a eu son point de départ dans le second vœu de la Conférence de Nantes ; mais il faut reconnaître franchement qu'elle s'en est écartée pendant la guerre, et cela a été imposé par les circonstances : parce que la vie des Unions Chrétiennes a été suspendue, et il ne *pouvait* pas en être autrement ; parce que les Eclaireurs Unionistes voulaient vivre cependant, et il ne *devait* pas en être autrement.

Messieurs, toute cette organisation est maintenant entre vos mains. Les statuts, qui en constituent l'armature, ont été précédés d'une déclaration de la Commission des Eclaireurs dont j'extrais ce passage : « ...Considérant, d'autre part, que cette déclaration et ce dépôt de statuts pourraient être interprétés comme une constitution du Mouvement en-dehors des Unions Chrétiennes, — qu'une telle évolution du Mouvement n'est pas possible à un moment où les dirigeants du Comité National des U. C. J. G. dispersés ne peuvent être consultés, et où la convocation d'une Conférence Nationale, seule qualifiée pour prendre une décision, est impossible, — Déclarent : — que le dépôt de statuts sus-mentionné est fait uniquement dans le but de donner au Mouvement des E. U. l'existence légale qui lui est devenue indispensable du fait des circonstances, — que ces statuts sont essentiellement provisoires et établis pour les besoins de la cause, — que les statuts définitifs et la constitution à venir du Mouvement des E. U. ne pourront sortir que de l'étude qui sera faite de la question à la prochaine Conférence Nationale des U. C. J. G. » Les statuts de 1918 sont donc caducs du fait de la réunion de la Conférence Nationale. Nous vous soumettrons, à la fin de cet exposé, le projet de statuts définitifs auquel fait allusion cette déclaration.

N'abandonnons pas cependant cet ordre d'idées sans remarquer que, des expériences faites pendant la guerre, se dégage un enseignement : la nécessité d'une spécialisation très complète de l'organisation centrale des E. U. Or, Messieurs, lorsque dans une entreprise industrielle, on constate qu'un service particulier prend une extension relativement grande et répond à des besoins spéciaux, il paraît souvent avisé de donner à ce service une constitution indépendante, et de créer une société nouvelle, filiale de la société-mère. C'est une manière classique d'attirer à soi de nouveaux intérêts et d'étendre sa clientèle.

Cette comparaison ne doit d'ailleurs pas être poussée trop loin ; nous trouverions facilement un exemple de spécialisation beaucoup plus poussée que celle de nos Eclaireurs, poursuivie cependant au sein des Unions Chrétiennes : c'est le cas des sections cadettes américaines, avec leur nouveau et si intéressant programme d'éducation du citoyen chrétien. Du moins nous autorise-t-elle à *poser* la question de l'opportunité d'une semblable mesure.

*
* *

Un autre facteur intervient dans la solution du problème : celui de l'existence dans notre Mouvement d'une proportion de Troupes non-unionistes beaucoup plus considérable qu'avant la guerre. Sur 135 Troupes rattachées à notre Mouvement, il y en a 87 qui se réunissent dans des locaux d'Unions Chrétiennes et entretiennent avec celles-ci des relations plus ou moins régulières, trop peu réglées actuellement ; il reste 48 Troupes, qui sont soit rattachées à des Eglises ou à des œuvres d'évangélisation, soit isolées de toute organisation.

L'affiliation au Mouvement des Eclaireurs Unionistes de ces Troupes non-Unionistes n'est pas une innovation de la guerre. Dès 1912 il y en avait, et Williamson avait prévu leur situation dans son rapport à la conférence de Nantes : « En outre, disait-il, à titre transitoire, les Troupes d'Eclaireurs qui se formeraient dans des localités où n'existe pas d'Union Chrétienne régulièrement constituée, pourront être admises par les Comités Régionaux, en attendant la formation d'une Union qu'elles sont destinées à préparer, et cela au titre de filiales du Groupe. Les Eclaireurs de ces Troupes auront les mêmes prérogatives que les autres, mais les groupes régionaux décideront eux-mêmes de la voix à donner à leurs représentants dans la discussion des questions générales. »

Avec son esprit très sûr et perspicace, Williamson avait prévu que, par la puissance attractive de la méthode adoptée, le Mouvement des Eclaireurs Unionistes s'étendrait au delà des Unions Chrétiennes ; il avait préconisé la création de Troupes filiales, et il avait conseillé aux Groupes régionaux de donner aux représentants de ces Troupes une voix dans la discussion des questions générales. Ce vœu de Williamson a-t-il été réalisé à cette époque par les Groupes régionaux ? Nous l'ignorons.

Quoiqu'il en soit, par suite de la guerre, par suite aussi de circonstances spéciales à certaines régions, la proportion des Troupes d'Eclaireurs Unionistes constituées en dehors d'Unions Chrétiennes locales s'est accrue depuis 6 ans, au point d'être actuellement de 1/3. Il n'est que juste de donner aux Chefs de ces Troupes, et aux œuvres dont celles-ci dépendent, une part dans la direction du Mouvement, non seulement régionalement, mais nationalement. Nous verrons tout à l'heure comment cette idée, que nous croyons être la *stricte justice*, a été appliquée dans le projet de statuts qui vous a été remis.

∴

En adoptant ce point de vue, vous ne ferez pas, Messieurs, que faire un geste conforme à ce qui nous semble être juste. Vous attirerez ou vous maintiendrez groupées, sous le Drapeau des Eclaireurs Unionistes de France, toutes les

Troupes dirigées par des Chefs, fondées dans des œuvres ou des Eglises, qui se réclament de l'Evangile et des méthodes de libre examen de la Réforme Française, et veulent, comme vous, « faire Christ Roi ».

Or il n'y a pas qu'un intérêt sentimental à réaliser, dans le milieu des Eclaireurs, l'union de toutes les forces inspirées par l'Evangile de Jésus. Un intérêt supérieur est en jeu : celui de notre action d'évangélisation sur toute une partie de la jeunesse de France. La Fédération des Eclaireurs de France est en train de se recoustituer ; les « Scouts de France », fédération nationale catholique, viennent de s'organiser fortement. Quelques personnalités américaines se préoccupent de répandre le scoutisme en France, et ont déjà dépensé cet été un nombre respectable de dizaines de milliers de francs pour favoriser la création de Troupes d'Eclaireurs dans les régions dévastées. Sur les 10.000 éclaireurs qui existent aujourd'hui en France, sur les dizaines de milliers qui existeront demain, le Mouvement des Eclaireurs Unionistes peut exercer une influence considérable par son avance technique, par ses publications, par la qualité de ses cadres, par son exemple enfin qui sera une preuve évidente qu'aucun résultat profond ne peut être obtenu en matière d'éducation, hors de la présence et de l'action du Christ.

Le Mouvement des Eclaireurs Unionistes a une mission à remplir en France ; il a une mision à remplir dans le scoutisme international. Il doit proclamer partout que le seul véritable et parfait Eclaireur, c'est Jésus-Christ ; que le Chef des Chefs, c'est Jésus-Christ ; que l'inspirateur du principal fondateur du scoutisme français fut Jésus-Christ ; que toute la méthode de Baden-Powell est inspirée de l'Evangile du Christ et de l'esprit de la Réforme. Vos Eclaireurs, Messieurs, veulent rendre ce témoignage, et ils sont persuadés qu'il portera ses fruits.

... Mais nous voici bien loin, direz-vous, de la question de l'organisation des Eclaireurs. Non, Messieurs, car toute organisation bien comprise doit être avant tout adaptée au but que l'on poursuit. Pour réaliser cette mission, dont la vision nous fait dès maintenant tressaillir de joie, et pour que cette mission porte ses fruits, nous estimons que le

Mouvement des Eclaireurs Unionistes de France doit être dirigé par un Comité indépendant et responsable. Quelle portée voulez-vous qu'aient son action ou son témoignage si, pour toute conversation sérieuse, le Comité des Eclaireurs est obligé de dire : ceci ne nous regarde pas, demandez aux Unions ! Nos frères éclaireurs, le public ne comprendraient plus et ils auraient raison. Dans ces conditions, toute initiative prise par le Comité des Eclaireurs serait soupçonnée d'être intéressée, et il perdrait le bénéfice de la confiance *a priori* qui est accordée à tout « frère-éclaireur ».

A un autre point de vue, le Mouvement des E. U. F. a aussi besoin d'être sur un pied d'égalité avec les autres Associations françaises de scoutisme. Par leur uniforme, leur Loi, leurs camps, leurs méthodes d'éducation, les Eclaireurs peuvent exciter et excitent la curiosité générale et même celle des pouvoirs publics. Il faut que la voix des E.U. puisse se faire entendre énergiquement, dans des conditions semblables ; et elle ne sera écoutée aussi attentivement que celles des autres associations, que si la conversation est *directe* entre Comité des E. U. et l'extérieur.

* * *

J'ai fini la partie de mon exposé relative à quelques-unes des raisons qui semblent militer en faveur d'une organisation indépendante de l'organisme central du Mouvement des Eclaireurs Unionistes : spécialisation des organes actuels, présence dans notre Mouvement d'une proportion importante de Troupes ne dépendant pas d'Unions Chrétiennes, mission à accomplir dans le scoutisme français et international, nécessité d'être sur un pied d'égalité avec les autres Associations françaises de scoutisme, aucun de ces arguments, pris isolément, ne vous paraîtra peut-être décisif. L'ensemble parait plus impressionnant. Et c'est pourquoi votre Comité National a chargé une Commission mixte, composée d'Unionistes et d'Eclaireurs, de préparer un projet de Statuts, que vous avez entre les mains, et sur lequel il me reste à vous donner quelques explications.

Projet d'Organisation

La première préoccupation de votre commission mixte a été de trouver un remède à l'état d'anarchie existant actuellement dans de trop nombreuses localités à propos des relations entre Eclaireurs et Unions Chrétiennes, et d'éviter de compromettre en quoi que ce soit l'œuvre entreprise localement, avec succès, par de nombreuses Unions. Dès le début, le principe a donc été posé que l'organisation indépendante du Mouvement des Eclaireurs Unionistes n'existerait que nationalement et régionalement parlant. Localement, les Troupes d'E. U. se rattacheront dans la grande majorité des cas à une œuvre ou à une Eglise, et ce sera presque toujours à l'Union Chrétienne. Le Mouvement des E. U. ne veut pas créer, à côté de ce qui existe déjà, de nouveaux centres d'évangélisation dont la seule raison d'être serait l'exploitation d'une méthode pédagogique spéciale; sa seule ambition est de mettre cette méthode au service des œuvres existantes. Dans chaque localité, une de ces œuvres forme en quelque sorte le centre d'attraction, c'est autour de ce centre que nous désirerions voir nos Eclaireurs se grouper : dans certaines localités, ce sera la Fraternité, poste de la Mission Populaire ou de la Société Centrale, ailleurs la Croix-Bleue, dans la majorité des cas l'Union Chrétienne restaurée et conquérante, telle que d'Allens vous l'a décrite hier.

Donc, comme le dit l'art. 13, al. 2, « chaque Troupe est libre d'établir son règlement intérieur et de fixer son programme d'activité. » Pour préciser encore ce point important, nous avons établi un modèle de ce que pourrait être le règlement intérieur d'une Troupe d'Union Chrétienne. Dans ce règlement-type, nous lisons : « Art. 2 : la Troupe est placée sous la direction du Comité de l'U. C. — Art. 3 : l'autorité de ce Comité est déléguée avec pleins pouvoirs au Chef de Troupe ; la nomination de celui-ci n'est définitive qu'après enregistrement au Comité National. — Art. 15 : l'Eclaireur cadet peut être admis, soit d'office, soit sur sa demande dans l'Union aînée à partir de 16 ans, tout en continuant à rester Eclaireur. Il se trouve alors soumis aux obligations financières des membres aînés ; il lui est recommandé de s'efforcer de devenir membre actif. — Art. 16 : l'éclaireur qui atteint 18 ans sans avoir obtenu le grade de chef ou de second de patrouille doit quitter la troupe. Il peut constituer dans l'Union avec d'autres éclaireurs de son âge un groupe « d'Anciens éclaireurs » qui s'efforceront de venir en aide à leurs jeunes camarades, tout en participant à l'activité de leur Union et de leur Eglise. »

Messieurs, ce règlement intérieur n'est pas notre œuvre ; c'est purement et simplement le texte établi par H. Bonnamaux et Williamson en 1914 et qui s'adapte parfaitement bien à la nouvelle organisation que nous proposons.

Et quelle sera cette nouvelle organisation ? Les Statuts qui vous ont été distribués hier soir vous en donnent les lignes directrices. Je ne puis pas ici vous expliquer le détail des articles ; je tiens cependant à vous dire que le texte en a été maintes fois passé au crible, amélioré, que dans son établissement toutes les opinions se sont largement et énergiquement fait entendre et que ces papiers que vous avez entre les mains sont le résultat de bien des journées de travail, bien des soirées de discussion, bien des nuits de prières à la recherche anxieuse de la volonté de Dieu pour le bien de nos garçons.

Laissez-moi vous signaler cependant trois articles qui sont autant de garanties pour les U. C. que le mouvement des Eclaireurs Unionistes restera fidèle à l'esprit que les U. C. lui lèguent : *Art. 2* (1) « ..... » ; le M. des E. U. ne met pas son drapeau dans sa poche ; il se réclame de l'Evangile et ce principe est posé dès les premières lignes des ces Statuts.

Mais un principe n'a de valeur que par les hommes qui l'appliquent. C'est pourquoi les Statuts précisent d'une manière très stricte les conditions exigées pour être gradé.

Art. 8 (2) « ..... » ; cet article adopté par le Conseil National des Chefs à Reims, est appliqué depuis un an et a donné d'excellents résultats. Il peut vous être utile de savoir dans quel esprit il a été appliqué ; voici quelques extraits des instructions envoyées aux Commissaires Régionaux lors de sa mise en application le 3 décembre 1919 : « *Conditions religieuses* : pour bien les appliquer il faut comprendre

(1) Voir page 159.
(2) Voir page 160.

l'esprit dans lequel ce paragraphe a été rédigé. Une partie essentielle de notre programme est l'influence religieuse exercée par le Chef sur ses Eclaireurs, et nos Statuts précisent que toute l'activité de nos troupes est inspirée par l'Evangile. Il faut que nos chefs soient capables d'exercer cette influence et de maintenir cette inspiration. Nous avons le droit et le devoir d'exiger d'eux une certaine *maturité religieuse*. Il est impossible, dans un texte d'ordre général, de donner un critérium permettant de doser cette maturité; il appartient aux Commissaires de mettre en œuvre leurs capacités de jugement et leur connaissance des hommes pour apprécier chaque individu. Un texte d'ordre général ne peut employer qu'une méthode indirecte, mais celle-ci présente déjà une réelle valeur. Il y a de très fortes chances pour qu'un jeune homme dont la vie religieuse se sera épanouie dans un milieu spirituel ayant fait ses preuves, ayant même des traditions, ait cette maturité religieuse que nous devons exiger de lui. Ce milieu spirituel existe : la presque totalité des Chefs actuels l'ont trouvé soit dans les U. C., soit dans la Fédé. Et nous désirons que cette tradition soit continuée; car c'est une force pour notre Mouvement de s'appuyer sur ces deux Associations qui, de longue date, ont fait leurs preuves. Au cas d'impossibilité pour un candidat Chef de se rattacher à un de ces 2 groupements, il faut que nous lui créions nous-même un nouveau milieu spirituel, et c'est la question qu'aborde le § 2 du 2° de l'art. 8... Il exige 2 conditions : 1° Etre présenté par 2 membres actifs des U. C. ou de la Fédé, ou par deux Chefs-Eclaireurs. Ce ne doit pas être une simple formalité. Il faut que ce soit le point de départ de la création d'un *réseau serré d'amitiés*, qui seul pourra donner de la cohésion à notre Mouvement ; 2° Signer une déclaration. Ce ne doit pas être non plus une simple formalité. C'est un acte qui doit faire rentrer le candidat-Chef en lui-même, et l'aider à accomplir à nouveau et plus profondément ces trois actes essentiels de la vie chrétienne : Conversion (1er point), Consécration (2e point), vie toute entière imprégnée par les principes de l'Evangile (3e point). »

Un esprit chrétien, des cadres chrétiens ; une troisième garantie était nécessaire : celle de la création d'un organisme de direction assez stable et ayant assez d'autorité pour maintenir ces principes. C'est l'objet de l'art. 16 : (1) « ..... ». Les Commissaires, les délégués régionaux représentent l'élément technique nécessaire à la direction d'un mouvement comme celui des Eclaireurs. Les délégués des associations fondatrices de Troupes assurent la liaison intime de notre Mouvement avec les autres Associations de jeunesse chrétienne ou les Eglises, qui utilisent notre méthode pour leur propre recrutement. L'art. 16 consacre le principe de la représentation proportionnelle des Associations fondatrices de Troupes au C. N. des Eclaireurs Unionistes, dont je vous ai montré la valeur il y a quelques instants.

Telles sont les garanties que votre Commission mixte et votre Commission exécutive ont jugé qu'il était nécessaire et suffisant d'exiger du Mouvement des Eclaireurs Unionistes.

* * *

Votre Commission des Eclaireurs a estimé que cela ne suffisait pas. Des garanties statutaires, c'est bien, c'est nécessaire. Mais on ne peut pas dire dans ces Statuts les sentiments de reconnaissance qui remplissent nos cœurs, cette union des âmes vibrant à l'unisson, cette volonté de travailler en commun à la même œuvre. C'est pourquoi elle a redigé la déclaration suivante adoptée par le Conseil National des Chefs qui s'est réunie ici-même avant-hier : « ... » (2) Ce dernier point touche à la question des grands Eclaireurs qui a troublé plusieurs d'entre vous ; certains ont craint que le recrutement des Unions Chrétiennes fût compromis par la nouvelle organisation des E. U. Cela est une erreur : chaque troupe d'U. C., nous vous l'avons déjà dit avec toute la précision dont nous sommes capables, mais nous tenons à le repéter, reste sous la direction de l'U. C. locale, et, dans les mêmes conditions que l'ancienne ou l'actuelle section cadette, assure le recrutement de cette Union. Bien loin de rétrécir le recrutement des U. C., le projet que nous vous soumettons l'étendra ; car les U. C. J. G., si elles sont fidèles à leur programme primitif, attrayantes, enthousiastes et missionnaires (et elles le seront certainement après cette Conférence Nationale du Havre),

(1) Voir page 162.
(2) Voir le texte de la Déclaration, p. 149.

trouveront dans les Troupes d'Eclaireurs ne dépendant pas d'U. C. un terrain de recrutement nouveau et bien préparé. Oui, Messieurs, le Mouvement des E. U. sait tout ce qu'il doit aux Unions, mais il compte bien le leur rendre.

* * *

Il est difficile de résumer en 3/4 d'heure des pensées qui sont nées, qui ont été méditées au cours de 6 années d'expériences quotidiennes. J'ai été loin de vous dire tous les arguments favorables à notre thèse, dont plusieurs ont été exposés il y a 2 ans par Diény dans un remarquable rapport que beaucoup d'entre vous connaissent. J'ai été loin aussi de vous dire toutes les garanties secondaires données par les Statuts aux Unions Chrétiennes. Je l'ai fait intentionnellement, dans le désir de simplifier et d'éclairer ce rapport et d'orienter la discussion uniquement sur les faits ou les principes essentiels.

En conclusion de ce rapport, je dépose sur le bureau de la Conférence les vœux suivants :

I

La Conférence Nationale,

constatant que, depuis son organisation en 1912, le Mouvement des Eclaireurs Unionistes s'est développé et étendu à des organisations autres que les Unions Chrétiennes de Jeunes Gens,

estime qu'il n'est que juste d'offrir à ces autres organisations de participer à la direction du Mouvement, en envoyant des représentants au Comité National des Eclaireurs Unionistes.

II

La Conférence Nationale,

constatant l'importance prise en France par les Eclaireurs Unionistes et la nécessité pour leur groupement d'avoir une existence propre, afin d'être sur un pied d'égalité avec les autres Associations d'Eclaireurs françaises ou étrangères,

constatant que, dans la nouvelle organisation, les liens qui unissent localement les Troupes d'Unions Chrétiennes avec les Unions dont elles dépendent seront maintenus très étroits de façon à assurer le recrutement de celles-ci,

heureuse de donner au Mouvement des Eclaireurs Unionistes qui, pendant la guerre, a manifesté un entrain et une vitalité remarquables, une marque de confiance,

estime qu'il y a lieu de faire du Mouvement des Eclaireurs Unionistes une organisation spéciale, ayant son Comité National, comprenant, comme nous venons de le dire, des représentants des diverses associations fondatrices de Troupes.

Communication de Ch. SCHNEIDER

M. Ch. Schneider lit les v. 1 et 2 du Psaume 127 et les v. 11 à 15 du chap. 3 de la IIe épître aux Corinthiens. Il dit, ensuite, qu'une étude attentive et consciencieuse l'a amené à des conclusions diamétralement opposées à celles des deux rapports précédents. Mais en considération de la gravité de la question en elle-même, de la gravité des conséquences comme aussi de l'état des esprits, il ne se sent pas libre, devant Dieu, d'apporter à la Conférence un travail qui ouvrirait des débats peut-être passionnés, et il déclare que, sans abandonner l'opinion créée en lui par une étude sérieuse, il croit de son devoir, en ce qui le concerne lui personnellement et sans engager personne d'autre, de renoncer à lire son rapport, ainsi que de prendre part à la discussion de la question.

Communication relative à l'Autonomie du Mouvement des Eclaireurs Unionistes

Par M. E. JUTEAU

« C'est une tâche ingrate que celle de défendre, devant des amis, une thèse qui, à première vue, semble inspirée par des adversaires, alors que l'on est, soi-même, animé des intentions les plus fraternelles. C'est pourquoi, pour dissiper toute prévention, je tiens à déclarer tout de suite que ce n'est pas un commissaire régional des Eclaireurs Unionistes qui prend la parole, mais un vieil unioniste, qui fit ses débuts il y a 25 ans à l'Union de Paris, qui fut ensuite, pendant 20 années, Président d'une Union du Nord-Est, en même temps que Président et Vice-Président du Groupe.

Il semblerait que tous les arguments en faveur de l'autonomie aient été donnés par le magistral rapport de notre commissaire national ; il en reste cependant un, qui a de l'importance, surtout dans certaines régions de France et particulièrement dans le Nord-Est ; c'est le suivant :

Le mouvement des Eclaireurs Unionistes est devenu, indiscutablement, une œuvre interconfessionnelle. »

M. Juteau s'explique en ayant recours aux faits; il nous dit que pour les 4 troupes de Nancy, Epinal, Thaon, Remiremont nous arrivons à un total de 38 éclaireurs protestants et de 104 catholiques.

« Il convient de noter, ajoute-t-il, pour arrêter toute critique précipitée que le seul engagement religieux que prenne un Eclaireur Unioniste, engagement dicté par les Unions Chrétiennes fondatrices du mouvement, est celui de « Servir Dieu » et que cet engagement peut être tenu aussi bien par un catholique ou par un israélite que par un protestant. »

Après nous avoir assuré que cela n'implique pas une disparition de l'esprit évangélique dans ces troupes, M. Juteau poursuit :

« Nos chefs de troupe n'ont pas cru toutefois devoir dire aux jeunes gens qui s'engageaient dans leurs troupes, qu'ils étaient sous la dépendance de l'Union Chrétienne de jeunes gens, car cette dernière est connue comme une œuvre confessionnelle protestante, en rapports étroits avec l'Eglise protestante et avec le pasteur ; la loyauté, qu'ils enseignent à leurs éclaireurs, oblige donc ces chefs, sous le régime actuel, soit à déclarer une dépendance qui ne sera pas acceptée, ce qui équivaudra à la dislocation, soit à revendiquer l'autonomie.

L'autonomie n'est donc, encore une fois, qu'une question de loyauté ; dans la plupart des cas, elle ne changera rien, d'ailleurs, à ce qui est ; sa proclamation ne sera qu'une confirmation de la réalité. »

Reprenant la comparaison courante qu'il applique aux rapports entre Unionistes et Eclaireurs, de l'enfant cherchant à se détacher de sa nourrice, M. Juteau ajoute :

« Nous sommes amenés à nous demander si une nourrice sera aimée davantage d'un enfant qu'elle aura laissé marcher seul dès que ses jambes l'auront porté, que d'un enfant qu'elle aura empêché de quitter ses bras, pour le protéger, malgré lui, contre les chûtes ?

« Bien qu'une telle proposition puisse sembler paradoxale, nous estimons que l'autonomie, en séparant les Eclaireurs des Unions, renforcera l'affection des premiers pour les secondes, alors que le maintien des liens consacrerait une division. »

Rappelant ce fait que le Comité National a autorisé en Alsace certaines troupes à prendre d'extrêmes libertés, telle la constitution de troupes catholiques, dirigées par des chefs catholiques, le rapporteur poursuit :

« Qui oserait affirmer, d'autre part que, sous le régime actuel, c'est-à-dire sous la dépendance des Unions Chrétiennes, toutes les troupes d'Eclaireurs Unionistes sont dans la tradition unioniste ; n'en existerait-il aucune dans lesquelles la Bible, les cantiques, et la prière seraient complètement ignorés ? »

M. Juteau entre ensuite au cœur du débat en ces mots :

« On a dit, on a répété, on a même imprimé et répandu l'affirmation que si les Eclaireurs Unionistes ne servaient pas à amener les jeunes gens à l'Union Chrétienne, ils n'auraient plus aucune raison d'être ; l'affirmation est grave, car elle semble poser le principe qu'un jeune homme, pour être sauvé, doit nécessairement passer par l'Union Chrétienne de jeunes gens ; on a d'ailleurs été jusqu'à le dire presque textuellement.

Nous aimons nos Unions Chrétiennes, nous savons ce que nous leur devons, nous avons confiance dans leur splendide mission au milieu de la jeunesse, mais notre amour pour elles ne va pas jusqu'à renouveler en leur profit le dogme impie :

« Hors de l'Eglise, point de salut. »

Nous nous refusons à croire que nous aurons perdu notre temps quand nous n'aurons pas réussi à amener nos jeunes gens à l'Union Chrétienne, pourvu que nous les ayons amenés à Jésus-Christ.

Le but n'est pas l'Union Chrétienne ; l'Union n'est qu'un moyen, comme la troupe d'Eclaireurs ; le but, c'est Jésus-Christ.

Il n'y a pas un chef de troupe, digne de ce nom, ayant quelques années d'expérience dans le mouvement, qui n'ait reçu de quelqu'un de ses anciens éclaireurs, surtout pendant la guerre, au moins une de ces lettres si bienfaisante, pleine de reconnaissance, attestant une véritable conversion, qui le récompensait largement de toutes ses fatigues, de tous ses sacrifices, et de toutes ses déceptions.

Les auriez-vous convaincus, ces chefs, qu'ils avaient perdu leur temps, parce que leurs correspondants n'étaient pas devenus Unionistes ? »

Partageant toutefois les appréhensions de ceux qui craignent que, grâce à l'autonomie, les troupes d'Eclaireurs cessent d'être des sources de recrutement pour les Unions chrétiennes, M. [illegible]teau insiste sur les garanties demandées :

« C'est d'abord l'article 2, qui définit nettement le but essentiellement religieux du mouvement.

C'est ensuite l'article 8, qui pose des conditions nettement religieuses et spirituelles au recrutement des cadres.

C'est, enfin, l'article 16, qui précise la formation du C. N. et qui réserve aux Unions Chrétiennes un nombre de représentants proportionnel à son influence dans le mouvement.

Permettez-moi, pour terminer, de vous proposer une garantie supplémentaire et décisive, dont je vous laisse le soin d'apprécier la valeur :

Les Unions Chrétiennes de jeunes gens, en accordant l'autonomie aux Eclaireurs Unionistes, font à ces derniers un *double* don, d'abord celui de l'autonomie proprement dite, puis celui du nom ou du titre : le titre « Eclaireurs Unionistes » appartient en effet aux Unions Chrétiennes ; celles-ci seraient en droit de dire aux Eclaireurs : « Nous vous accordons l'autonomie, mais nous gardons le titre, la raison sociale, qui est notre propriété et que nous réservons aux troupes qui accepteront la suprématie des Unions Chrétiennes. »

Vous ne ferez pas cela, chers amis, vous accorderez largement, généreusement, en toute confiance, aux Eclaireurs Unionistes, l'autonomie et le titre, mais ce nom ne leur sera laissé qu'à une condition, c'est qu'ils en resteront dignes ; s'ils venaient, un jour, à démériter, ce nom leur serait retiré, pour être réservé aux troupes qui seraient restées fidèles.

Je conclus en vous soumettant le texte du vœu qui serait à ajouter aux deux vœux déjà proposés par le C. N. :

La Conférence Nationale,

constatant que le titre d'Eclaireurs Unionistes est la propriété de l'Alliance des U. C. J. G. sera néanmoins heureuse de voir ce titre qui rappelle un passé dont les souvenirs nous sont chers à tous et qui désigne un présent plein de promesses, rester celui du Mouvement, à condition qu'il soit toujours associé aux principes directeurs stipulés dans les articles 8 et 9 des statuts. »

Déclaration du Conseil National des Chefs
réuni au Havre, le 31 octobre 1920

Le Mouvement des Eclaireurs Unionistes de France, en demandant à la Conférence Nationale du Havre de lui accorder une organisation indépendante, tient à faire les déclarations suivantes :

1o Sachant tout ce qu'il doit aux Unions Chrétiennes de Jeunes Gens, non seulement parce que celles-ci ont pris l'initiative de l'introduction en France de la méthode de Baden-Powell, mais aussi parce qu'elles ont fourni des cadres expérimentés, dévoués et unis par une amitié profonde, sans lesquels rien de durable n'eût pu être établi, il exprime son attachement profond à l'œuvre des U. C. J. G. et son désir de ne rien entreprendre qui puisse être interprété comme une concurrence aux dites Unions.

2o Il affirme que son objet n'est autre que de mettre la méthode de Baden-Powell, telle qu'elle a été introduite en France par S. Williamson, au service de toutes les œuvres ou églises qui se préoccupent de maintenir ou d'étendre l'influence de l'Evangile dans notre Patrie.

3o Il estime que l'aboutissement normal de l'œuvre d'éducation chrétienne entreprise dans une Troupe d'Eclaireurs Unionistes est l'entrée des Eclaireurs dans les Unions Chrétiennes ou dans la Fédération des Etudiants Chrétiens, et s'engage à travailler en collaboration étroite avec ces Mouvements.

Déclaration des Chefs Eclaireurs
lue à la Séance du 2 novembre 1920

Après le vote de l'autonomie et à l'appel du Commissaire régional Ch. Bonnamaux, le chef Guérin-Desjardins, entouré des autres chefs présents au Congrès, donne lecture de la déclaration suivante par laquelle tous s'engagent à demeurer fidèles au Mouvement Unioniste :

Les Chefs Eclaireurs qui voient aujourd'hui la réalisation d'un rêve longtemps caressé en remercient ardemment le Père Céleste et veulent exprimer à la Conférence nationale des U. C. J. G. leur reconnaissance affectueuse et profonde pour la confiance qu'elles viennent de témoigner au mouvement des Eclaireurs ;

Ils demandent instamment à ceux qui n'ont pas cru pouvoir en conscience voter le projet proposé, de les considérer toujours comme des serviteurs de J.-C. poursuivant avec eux un seul et même combat ;

Ils se sentent plus que jamais unis aux U. C. qui viennent de les convaincre, par une preuve éclatante, qu'elles sont largement ouvertes à toutes les jeunes initiatives de conquête, qu'elles comprennent parfaitement les besoins des temps nouveaux, et qu'en y faisant face avec un esprit nouveau, elles ont balayé la caricature qu'on avait pu faire d'elles ;

Ils sont persuadés que le geste des Unions va leur gagner l'estime et l'intérêt de tous les éclaireurs chrétiens non encore rattachés à une U. C. et affirment avec la plus entière loyauté qu'ils travailleront de tous leurs efforts à leur assurer, par le moyen de toutes les troupes d'Eclaireurs, un recrutement étendu, continu et enthousiaste.

IVe PARTIE

DÉCISIONS PRISES PAR LE CONGRÈS

DÉCISIONS PRISES PAR LA 17e CONFÉRENCE NATIONALE

I. QUESTIONS ADMINISTRATIVES

1° Décision concernant les conditions d'admission des membres actifs

« La Conférence, saisie d'un vœu aboutissant à modifier les conditions actuelles d'admission des membres actifs,

« Estime qu'il s'agit non pas d'une simple question d'orientation, mais d'une modification du statut fondamental de l'Alliance qui, conformément à l'article 5 des règlements, ne peut être porté à l'ordre du jour de la présente conférence ;

« Rappelant les décisions prises à ce sujet à Nantes, en 1912,

« Reconnaissant cependant que la guerre peut avoir révélé des besoins nouveaux,

« Invite le Comité National à procéder aux enquêtes nécessaires et à porter, s'il y a lieu, la question à l'ordre du jour de la prochaine Conférence Nationale. »

2° Décision concernant les membres isolés

« La Conférence Nationale charge le Comité National d'examiner comment il pourra rattacher directement à l'Alliance des Unions Chrétiennes les Unionistes isolés ou les jeunes gens isolés susceptibles de souscrire au programme et aux principes des Unions Chrétiennes en tant que membres actifs ou même membres associés, afin d'assurer une propagande et un recrutement plus intensifs et de faciliter la création de sections cadettes, de troupes d'Eclaireurs unionistes ou de groupes sportifs qui donneront naissance à des Unions Chrétiennes. »

3° *Décision concernant le statut des Secrétaires généraux et renvoyée à l'étude du Comité National en vue de la mise à l'ordre du jour de la prochaine Conférence Nationale.*

« La Conférence Nationale invite le Comité National à dresser le statut des Secrétaires généraux en accordant à ceux-ci dans leurs Comités respectifs voix délibérative au même titre que tout Unioniste ou membre actif d'Union Chrétienne. »

4° *Décision concernant la présence à la Conférence Nationale comme délégués officiels de tous les membres du Comité National et des Secrétaires généraux d'Unions Chrétiennes et renvoyée à l'étude du Comité National en vue de la mise à l'ordre du jour de la prochaine Conférence Nationale.*

« A l'avenir tous les membres du Comité National et les Secrétaires généraux d'Unions Chrétiennes en particulier pourront faire partie de droit et avec voix délibérative, c'est-à-dire comme délégués officiels, des Conférences Nationales. »

II. QUESTIONS FINANCIÈRES

1° *Décision concernant les cotisations des Unions au Comité National et renvoyée au Comité National en vue de la mise à l'ordre du jour de la prochaine Conférence Nationale.*

« La Conférence nationale, considérant l'insuffisance des ressources mises à la disposition du Comité National par les Unions, décide que celles-ci devront verser au Comité National une cotisation annuelle non inférieure à trois francs par membre actif ou associé. »

2° *Décision concernant la contribution des Unions à l'œuvre générale.*

« *a)* Que dans chaque Union il se forme un groupe d'entr'aide qui devra envoyer, chaque année, au Comité National, sa contribution à l'œuvre générale.

« *b)* Que les Comités directeurs de toutes Unions disposant de ressources particulières s'attachent à intensifier le rendement de tous leurs services de façon que ces Unions, non seulement se suffisent à elles-mêmes, mais aussi apportent au Comité National leur plus large contribution possible à l'œuvre générale.

« *c)* Que chaque membre de la grande famille unioniste qui aura eu le privilège de réussir dans ses affaires ait à cœur de contribuer par un don au Comité National, le plus généreux possible, à la création d'un capital dont les intérêts viendront s'ajouter aux revenus susdits du Comité National. »

III. QUESTIONS STRATÉGIQUES

Décision concernant l'organisation générale des œuvres de jeunesse

« La Conférence Nationale des Unions Chrétiennes de jeunes gens réunie au Havre en 1920,

« Considérant que l'heure est grave et sans doute décisive et qu'il importe, plus que jamais, d'unir en un étroit faisceau toutes les forces de la jeunesse évangélique française, masculine et féminine,

« Considérant que des expériences ont déjà démontré les bienfaits d'une étroite collaboration,

« Invite formellement le Comité National des Unions Chrétiennes de jeunes gens à entreprendre, auprès des Comités nationaux des différents mouvements qui englobent la jeunesse évangélique française, des démarches en vue d'aboutir à la création d'une Fédération Nationale de ces œuvres, dirigée par un Conseil supérieur de la jeunesse chrétienne, qui serait composé de représentants des divers Comités des Mouvements fédérés.

« Le but de ce Comité serait, tout en respectant rigoureusement l'indépendance de chaque mouvement, d'accorder l'action de tous, de donner des directives et, généralement, de contribuer à unir tous les jeunes dans une même volonté de consécration, d'action et de conquête. »

IV. QUESTIONS INTERNATIONALES

1° Décision concernant la réponse du Comité National français au Comité National des Unions Chrétiennes finlandaises.

« La Conférence décide que le texte de la réponse du Comité National français à la lettre du Comité National finlandais sera traduit et adressé à la Fédération nationale des Unions des pays alliés et neutres.

« Les frais de cette impression seront couverts par une collecte spéciale faite dans les Unions françaises. »

2° Ordre du jour concernant l'attitude du Comité National dans le débat au sujet des relations internationales

« Les délégués des U. C. de J. G. de France, réunis en Congrès National au Havre, le lundi 1er novembre 1920,

« d'une part, prenant acte de la position prise par le C. N. dans le grand débat des relations internationales, félicitent le C. N. de son attitude loyale et énergique et approuvent ses décisions ;

« d'autre part, constatant que dans tous les congrès qui se sont réunis jusqu'ici sous l'égide de l'Evangile, la solution de la question morale des responsabilités de la guerre, qui est à la base d'une reprise sincère et pure des relations internationales, a été systématiquement et lâchement écartée, alors que des organisations politiques et athées ont eu le courage de l'aborder,

« estimant que la conscience chrétienne n'a pas encore été satisfaite, chargent unanimement le C. N. de maintenir son attitude jusqu'à la libération de cette conscience chrétienne dont ils se réclament. »

V. MOUVEMENT DES ÉCLAIREURS

Décision concernant l'organisation indépendante du Mouvement des Eclaireurs

« La Conférence Nationale,

« constatant l'importance prise en France par le travail des Eclaireurs Unionistes, la nécessité pour

leur groupement d'avoir une existence propre, afin d'être sur un pied d'égalité avec les autres associations françaises ou étrangères, et l'extension du Mouvement à des organisations autres que les Unions Chrétiennes de Jeunes Gens,

« estimant qu'il n'est que juste d'offrir à ces autres organisations de participer à la direction du Mouvement, en envoyant des représentants au Comité National des Eclaireurs Unionistes,

« constatant que, dans la nouvelle organisation, les liens qui unissent localement les Troupes d'Unions Chrétiennes avec les Unions dont elles dépendent seront maintenus,

« constatant, d'autre part, que le titre d'Eclaireur Unioniste est la propriété de l'Alliance des Unions Chrétiennes de Jeunes Gens, prenant acte de la déclaration présentée comme préambule des statuts par le Conseil National des chefs Eclaireurs,

« sera heureuse de voir ce titre, qui rappelle un passé dont les souvenirs nous sont chers à tous et qui désigne un présent plein de promesses, rester celui du Mouvement, à condition qu'il soit toujours associé aux principes stipulés dans les articles 2, 8 et 9 des statuts proposés,

« heureuse de donner au Mouvement des Eclaireurs Unionistes qui, pendant et depuis la guerre, a manifesté un entrain et une vitalité remarquables, une marque de sa confiance,

« DÉCIDE qu'il y a lieu de faire du Mouvement des Eclaireurs Unionistes une organisation spéciale, comprenant, des représentants des diverses associations fondatrices de Troupes. »

VI. QUESTIONS D'ORIENTATION

Décision concernant l'orientation générale des Unions votée par la Conférence Nationale du Havre

« 1° Les Unions Chrétiennes de Jeunes Gens de France réunies en Conférence Nationale au Havre du 31 octobre au 2 novembre 1920, pour la première fois depuis la guerre,

« Rappelant avec l'article 2 de leurs statuts

qu'elles sont fondées sur le principe de l'Alliance évangélique,

« Tiennent à proclamer solennellement leur profond attachement aux Eglises protestantes, berceau de leur vie religieuse, et leur fidélité reconnaissante à l'esprit de la Réforme ;

« Préoccupées avant tout de la réalisation de l'idéal chrétien, elles affirment leur absolu respect et leur fraternelle affection pour tous ceux qui viennent à elles et dont l'évolution religieuse n'est de leur part l'objet d'aucune pression, mais se poursuit dans une atmosphère de pleine liberté. »

« 2° La Conférence Nationale invite les Unions Chrétiennes,

« Tout en maintenant scrupuleusement leur neutralité vis-à-vis de tous les partis politiques,

« A éveiller, dans la conscience de leurs membres, le sentiment de leur devoir civique et à leur donner, dans la forme et la mesure où elles le jugeront possible, conformément au principe chrétien : « Examinez toutes choses et retenez ce qui est bon », la formation nécessaire à l'action bonne à laquelle ils sont appelés dans le domaine de la vie publique. »

« 3° La Conférence Nationale invite les Unions Chrétiennes,

« A comprendre toute l'importance de leur devoir social et à étudier en vue d'une réalisation immédiate et pratique les applications possibles dans leur localité.

« Elle émet, en particulier, le vœu que dans les principales villes de France, surtout dans celles où l'activité industrielle et commerciale ou le service militaire amène de nombreux jeunes gens, il se crée, sous les auspices de l'Union Chrétienne et de telle autre organisation analogue, un Foyer du jeune homme doté de tous les moyens nécessaires pour assurer le triple développement physique, intellectuel et religieux du jeune homme. »

STATUTS (1)

Du Mouvement des Eclaireurs Unionistes de France adoptés par la Conférence nationale des U. C. J. G. du Havre.

CHAPITRE PREMIER

Titre et Objet

Article premier. — Il est créé en France, sous le régime de la Loi du 1er juillet 1901, une association qui prend le titre de « Mouvement des Eclaireurs Unionistes de France », ainsi nommé parce qu'il est issu de l'Alliance des Unions Chrétiennes de jeunes gens, qui, dès 1911, a pris l'initiative de sa fondation.

Article 2. — Ce mouvement a pour but de grouper les Troupes d'Eclaireurs, qui, en suivant les méthodes exposées par Sir Robert Baden-Powell dans son livre « Scouting for Boys » telles qu'elles ont été introduites en France par S. Williamson, secrétaire général des U. C. J. G., c'est-à-dire s'inspirant dans toute leur action des principes de l'Evangile, veulent réaliser le développement complet du corps, de l'esprit et de l'âme des adolescents et préparer ainsi les jeunes gens à l'accomplissement de tous leurs devoirs d'hommes et de citoyens.

Article 3. — Son fonctionnement, les attributions de ses agents d'exécution, ses insignes distinctifs, son programme d'instruction sont déterminés par le Règlement général annexé aux présents statuts.

(1) Déposés à la Préfecture de Police le 7 janvier 1919, sous le No 158.096 ; modifiés, conformément aux décisions prises au Havre, le 2 novembre 1920.

CHAPITRE II

Composition, Admissions et Radiations

Article 4. — Le Mouvement comprend des membres actifs et des membres participants.

L'admission d'un membre actif implique sa complète adhésion aux présents Statuts et au Règlement général.

Article 5. — Sont membres actifs : les éclaireurs de toutes classes et grades, les instructeurs, les chefs et adjoints de Troupe, les Commissaires de Secteur régionaux, nationaux et leurs adjoints, nommés conformément aux dispositions du règlement général.

Article 6. — Sont membres participants : les personnes qui s'intéressent au Mouvement et contribuent par leurs cotisations à son développement. Ils comprennent :

a) Des membres adhérents, payant une cotisation annuelle de 5 fr. à 50 fr. ou une cotisation unique de 100 fr. à 300 fr.

b) Des membres bienfaiteurs, payant une cotisation annuelle de 50 fr. à 100 fr. ou une cotisation unique de 500 fr.

c) Des membres fondateurs, payant une cotisation annuelle de plus de 100 fr.

Article 7. — Pour être admis dans le Mouvement au titre d'*Eclaireur Unioniste*, le jeune garçon doit être âgé d'au moins 11 ans (1) et remettre une autorisation écrite de ses parents ou tuteur. Il doit passer avec succès les épreuves de l'examen d'aspirant, et s'engager à rester fidèle à sa promesse et à sa loi, telles qu'elles sont exprimées au Règlement général.

Article 8. — Pour être admis dans le Mouvement à titre de Commissaire, de Chef ou Chef-adjoint de Troupe, il faut :

1° Etre âgé de 21 ans au moins pour le grade de Commissaire, et de 18 ans pour les grades de Chef ou Chef-adjoint de Troupe.

2° Etre membre actif d'une Union Chrétienne de Jeunes Gens ou d'un Groupe d'Etudiants ou de Lycéens chrétiens.

Ou, en cas d'impossibilité, étant présenté par deux membres actifs de l'un des groupements précités, ou par deux

(1) Age maximum : 18 ans. Cf. art. 10, al. 2.

Commissaires ou Chefs de Troupe, signer la déclaration suivante : « Je m'engage à faire tout mon possible pour

« Etre fidèle à mon Sauveur et mon Chef Jésus-Christ

« Et servir toutes les bonnes causes

« En conformant ma vie aux principes de l'Evangile. »

3° S'engager à rester fidèle aux principes du Mouvement et à travailler de toutes ses forces à son développement.

Article 9. — Pour être admis dans le Mouvement à titre d'instructeur, il faut être âgé d'au moins 17 ans, et remplir la condition 3 prévue à l'article 8.

Article 10. — Tout membre actif peut se retirer du Mouvement par démission régulière adressée à son Chef direct, après paiement de toutes cotisations échues.

Tout éclaireur qui atteint l'âge de 18 ans, sans avoir obtenu le grade de Chef ou de second de patrouille, cesse de faire partie du Mouvement au titre de membre actif.

Article 11. — La radiation ou l'exclusion du Mouvement pourra être prononcée, conformément aux dispositions du Règlement général contre tout membre qui aura manqué aux règles de la bienséance et de l'honneur, ou à tout autre principe du Mouvement.

CHAPITRE III

Organisation

Article 12. — Les éclaireurs sont organisés en Troupes, placées sous la direction de Chefs de Troupe, assistés de Chefs adjoints et d'Instructeurs ; les Troupes sont divisées en patrouilles, dirigées par des chefs et seconds de patrouillle.

Les Troupes sont groupées en Régions, subdvisées elles-mêmes en Secteurs, placés respectivement sous l'autorité de Commissaires Régionaux et de Commissaires de Secteur, avec leurs adjoints.

L'ensemble du Mouvement est dirigé par un Comité National, représenté dans l'organisation hiérarchique par un Commissaire National et ses adjoints.

Article 13. — Les Troupes d'Eclaireurs Unionistes peuvent :

a) soit être rattachées à une Union Chrétienne de Jeunes Gens ou à toute autre œuvre ou Eglise locale prévue au règlement général, *b*) soit être indépendantes de toute organisation. Cependant celles-ci ne sont admises qu'à titre temporaire, cette situation ne pouvant se prolonger au delà de trois ans, sauf décision contraire du Comité National.

Chacune est libre d'établir son règlement intérieur en conformité avec les présents statuts et le règlement général annexé, de fixer son programme d'activité dans l'esprit de l'article 2 ci-dessus ; par suite elle est entièrement responsable de la gestion de son matériel et de ses finances et, éventuellement, est seule à encourir la responsabilité civile pour les accidents survenus à ses membres ou les dommages leur étant imputables.

Article 14. — Les Commissaires Régionaux et les Commissaires de Secteur sont les délégués du Comité National dans leur Région ou leur Secteur, et y travaillent sous le contrôle du Comité Régional, conformément aux dispositions du Règlement général.

CHAPITRE IV

Administration Centrale

Article 15. — Le Mouvement des Eclaireurs Unionistes de France est administré par un Comité National qui siège à Paris (1).

Article 16. — Le Comité National se compose :

1° Des délégués des Conseils Directeurs ou Comités Nationaux des Unions chrétiennes de Jeunes Gens et des différentes Eglises ou Œuvres auxquelles se rattachent les troupes locales, en nombre proportionnel à celui des Eclaireurs groupés dans ces Troupes.

2° Du Commissaire National et des Commissaires régionaux.

3° De délégués des Conseils Régionaux de Chefs, à raison d'un délégué par région.

Tous les membres du Comité National doivent être majeurs, présenter une compétence indiscutée au point de vue de la méthode « Eclaireur », et des garanties absolues au point de vue religieux, conformément à l'article 8 ci-dessus.

(1) Adresse : 41, rue de Provence, Paris (9e). Téléphone : Trud. 58-60.

Article 17. — Le Comité National a pour rôle d'organiser, de diriger, d'étendre et de perfectionner le Mouvement :

1° En assurant son unité de direction et en coordonnant les activités régionales. Il statue notamment sur l'admission et la radiation des Troupes d'Eclaireurs unionistes, nomme les Commissaires et délivre les cartes et insignes officiels aux membres actifs et participants.

2° En servant d'intermédiaire officiel entre les Eclaireurs Unionistes et les pouvoirs publics, les grandes administrations, les autres groupements d'Eclaireurs, les Comités Nationaux des Unions Chrétiennes de Jeunes Gens, de la Fédération des Associations Chrétiennes d'Etudiants, des Eglises, des œuvres, etc.

3° En veillant à l'observation des présents statuts, en décidant les modifications à apporter au Règlement général et en représentant le Mouvement en justice.

4° En assurant l'administration de tous les intérêts du Mouvement et sa gestion financière, y compris les comptes et les budgets.

5° En organisant les grandes réunions nationales, en particulier les Congrès ou Camps Nationaux de Chefs, en promouvant l'activité générale du Mouvement, en développant ses moyens de rayonnement et notamment ses publications.

Article 18. — La présence du quart des Membres du Comité National est nécessaire pour la validité de ses délibérations.

Les décisions sont prises à la majorité des membres présents. En cas de partage, la voix du Président est prépondérante.

En principe, les réunions du Comité National sont semestrielles.

Article 19. — Le Comité National est nommé pour une durée de trois ans. En cas de vacance par décès, démission ou pour toute autre cause, un remplaçant est nommé conformément aux dispositions de l'article 16 ci-dessus et du règlement général, pour la fin de la période de trois ans en cours, la première période partant du 1er janvier 1921.

Article 20. — Le bureau du Comité National est constitué par son Président, assisté d'un ou deux Vice-Présidents, le Commissaire National, un Trésorier et un Secrétaire.

Article 21. — Le Comité National organise en son sein des Commissions de 3 à 5 membres, ayant pour objet l'étude de questions spéciales et la préparation des projets de résolutions à soumettre au Comité National. Ces Commissions sont nommées pour un an par le Comité National, qui en désigne les Présidents.

Le Commissaire national assiste de droit à toutes les séances de Commissions.

Les Commissions peuvent s'adjoindre, avec voix consultative, des conseillers techniques.

Article 22. — Dans l'intervalle de ses séances, le Comité National délègue ses pouvoirs à une Commission exécutive, qui comprend le Bureau du Comité National et les Présidents de Commissions.

Article 23. — Le Mouvement des Eclaireurs unionistes de France est patronné par un Comité de Patronage, dont les présidents et les membres sont sollicités et nommés par le Comité National.

Article 24. — Le Comité National peut nommer une Commission consultative composée de personnes représentant les différentes organisations ecclésiastiques, sociales, professionnelles, sportives, etc., avec lesquelles le Mouvement des Eclaireurs unionistes a intérêt à combiner ses efforts et qui peuvent favoriser son développement.

Article 25. — A la fin de son mandat, le Comité National envoie un rapport sur sa gestion aux Conseils Directeurs ou Comités Nationaux des Unions Chrétiennes de Jeunes Gens et des différentes Eglises ou Œuvres auxquelles se rattachent les Troupes locales, et aux Conseils régionaux de Chefs, qui en prennent connaissance avant de nommer leurs nouveaux délégués. Ce rapport est aussi envoyé aux membres du Comité de Patronage et de la Commission consultative.

CHAPITRE V

Cotisations et fonds

Article 26. — Les ressources du Mouvement comprennent :

1° Les cotisations annuelles et rachats de cotisations de ses différents membres.

2° Les subventions de l'Etat, des départements et des communes.

3° Les revenus des biens de toutes natures lui appartenant.

CHAPITRE VI

Modifications aux statuts et dissolution

Article 27. — Aucun changement ne peut être apporté aux présents statuts, sans une délibération d'un Conseil national des Chefs, prise à la majorité des deux-tiers des membres votants.

Article 28. — Le Conseil National comprend tous les Commissaires titulaires et adjoints et les Chefs de Troupe titulaires.

En cas d'impossibilité d'assister an Conseil, les Chefs peuvent y déléguer leurs adjoints avec voix délibérative.

Les membres du Comité de Patronage et de la Commission consultative doivent être convoqués au Conseil National.

Article 29. — La proposition de révision des statuts ne peut émaner que du Comité National ou du quart au moins des Commissaires et Chefs de Troupe titulaires, régulièrement inscrits sur les registres du Mouvement.

Le texte des modifications proposées doit être communiqué au moins deux mois à l'avance à tous les membres du Conseil National.

Article 30. — Les membres du Conseil National doivent être convoqués au moins quinze jours à l'avance par les soins de la Commission exécutive, sur décision du Comité National ou sur la demande des Commissaires et Chefs auteurs de la proposition prévue par l'article 29.

Article 31. — Le vote porte sur le ou les textes des projets de modifications communiqués dans le délai prévu à l'article 29, alinéa 2 ci-dessus.

Le vote par correspondance est admis ; les bulletins de ces votes doivent être parvenus au bureau de l'Assemblée au plus tard à l'ouverture de celle-ci, et le dépouillement en est fait pendant la séance.

Article 32. — La dissolution du Mouvement ne peut être prononcée que par un Conseil National convoqué spécialement à cet effet, et comprenant comme membres présents la moitié plus un des Commissaires et Chefs de Troupe régulièrement inscrits. Dans ce cas, le vote par correspondance n'est pas admis.

En cas de dissolution, l'actif social est remis au Comité National des Unions Chrétiennes de jeunes gens.

TABLE DES MATIÈRES

Ire PARTIE

AUTOUR DU CONGRÈS

IIe PARTIE

QUESTIONS ADMINISTRATIVES

IIIe PARTIE

NOTRE ORIENTATION

ILLUSTRATIONS HORS TEXTE

CAHORS, IMP. COUESLANT *(personnel intéressé)*. — 24.223

www.ingramcontent.com/pod-product-compliance
Ingram Content Group UK Ltd.
Pitfield, Milton Keynes, MK11 3LW, UK
UKHW020146220726
13923UKWH00001B/389

9 782329 036472